献给
我的导师张研教授（1948—2014）

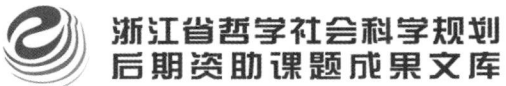
浙江省哲学社会科学规划
后期资助课题成果文库

东亚同文书院研究

Dongya Tongwen Shuyuan Yanjiu

郭晶 著

中国社会科学出版社

图书在版编目(CIP)数据

东亚同文书院研究 / 郭晶著. —北京：中国社会科学出版社，2016.5
ISBN 978-7-5161-8986-3

Ⅰ.①东… Ⅱ.①郭… Ⅲ.①海东亚同文书院 - 史料②中日关系 - 研究 - 近代 Ⅳ.①G649.299.51②D829.313

中国版本图书馆 CIP 数据核字(2016)第 226066 号

出 版 人	赵剑英
责任编辑	宫京蕾
责任校对	王 影
责任印制	何 艳
出　　版	中国社会科学出版社
社　　址	北京鼓楼西大街甲 158 号
邮　　编	100720
网　　址	http://www.csspw.cn
发 行 部	010-84083685
门 市 部	010-84029450
经　　销	新华书店及其他书店
印刷装订	北京市兴怀印刷厂
版　　次	2016 年 5 月第 1 版
印　　次	2016 年 5 月第 1 次印刷
开　　本	710×1000 1/16
印　　张	11.75
插　　页	2
字　　数	193 千字
定　　价	46.00 元

凡购买中国社会科学出版社图书，如有质量问题请与本社营销中心联系调换
电话：010-84083683
版权所有　侵权必究

前　　言

　　1900年，由日本外务省资助，日本东亚同文会在中国南京创设东亚同文书院，旋即因为义和团运动迁往上海，后升格为东亚同文书院大学，直至1945年日本战败，东亚同文书院作为两个间谍机构之一被勒令关闭，部分教师回到日本，在爱知县丰桥市创立爱知大学。

　　东亚同文书院从日本国内招收学员超过5000名，在中国学习三到五年，因此学员汉语水平普遍比较高。为了获得有关中国的情报，书院利用每年毕业大旅行，创设了一种全新的方式：大旅行调查。即：学校提供资助、安排路线、指导调查方法，学生自行组织，以旅行的方式，对中国大陆地区的经济、政治、文化风俗进行系统的实地资料收集，报告采取《大旅行志》的方式提交，同时保存相关的日记、日志、原始资料、票据、图片和实物，囊括700多条线路，前后共计41年。

　　笔者有幸在爱知大学求学一年，临行前承蒙导师指点，对东亚同文书院有所了解，但至亲见如山史料，虽然才疏学浅，也感到东亚同文书院在中日交流史上的地位远非目前认识之十倍，研究之价值万万不可小觑。

　　首先，东亚同文书院在中国存在时间之长，规模之稳定，较之中国大多数的大学，绝无逊色。从1900年在南京设立，旋即因义和团运动迁往上海，至1945年日本战败，东亚同文书院共计招生46期，学生总人数超过5000人。校址虽然几经周折，但学校规模，学生与教员数量一直保持相当稳定。

　　其次，东亚同文书院为了侦查中国现地实情，以旅行为掩护，以实地调查为目的，对中国进行了41年、700多条线路、5000多人参加的大旅行调查。

　　再次，东亚同文书院对于大旅行调查的资料重视之程度，保存之完整，堪与政府档案媲美。对于1937年之前的材料，作为大旅行调查的报告材料保存得十分完整，而且个人在大旅行调查中的日记、游记也都尽可能地保存了下来。

最后，东亚同文书院不仅仅致力于实地的调查，更把调查的材料整理成集，分门别类。前后出版的文集不下百余种，其中，尤以12辑《支那经济全书》、18卷《支那省别全志》和9卷《支那省别全志续编》三部巨著扬名一时。① 第二次世界大战后，以谷光隆、藤田佳久为首的日本学者对一部分材料进行进一步整理，先后推出了有关鸦片问题集成报告书、大运河集成报告书、四卷本大旅行调查路线研究。2006年是东亚同文书院的继承者爱知大学成立60周年大庆，爱知大学更是出巨资整理《大旅行志》34卷。

中国学者有关东亚同文书院的研究专著目前尚属阙如。有关的学术论文包括：黄福庆（台湾"中研院"研究员）的《近代日本在华文化及社会事业之研究》中第一章第三节第一小节对此有所介绍，但限于篇幅，考察的内容相当有限，小巧文章，谈到书院的结构、特色、发展历程均有过人之见解，如：成立之处各县选派学生之周折；入学之初游历日本之影响；学校资金来源影响学校旨趣；办学进程中政界的介入；学校课程科目；尤其是提出

---

① 以《中国经济全书》为例，《中国经济全书》是东亚同文书院的早期调查集成。据东亚同文会的"编辑绪言"称，东亚同文书院的调查历经数年，先后参加调查的人数达200余人，原稿达2万页以上，从中选择成书出版的约1万页。指导调查和总其成者，是著名学者根岸佶。1907年出版的《支那经济全书》分作4辑，每辑又分若干编，第1辑7编，主要涉及农政、手工业、工业、资本家、物价、人民生活、财政等事项；第2辑6编，主要涉及商贾、特许商（盐商、茶商）、买办、会馆公所、行规条约、家规店规等；第3辑5编，主要涉及旧关（常关）、新关（海关）、水运、仓库、山西票庄等。第4辑4编，主要涉及商政、商品陈列场、商用书式、商用账簿等。明治41年（1908）又出版8辑，每辑的序号仍然续前。第5辑2编，为铁道总论、铁道分论；第6辑6编，分别是邮政、电信、度量衡、货币、支那银行、支那的外国银行；第7辑8编，分别是海上保险、商帮、牙行、报关行（包括渝行与通关所）、招牌、广告、商标、列国对清贸易；第8辑7编，分别是农业、米、麦、豆（包括豆饼与豆油）、砂糖、棉花、脂肪油与蜡；第9辑2编，分作畜牧（含牛骨、皮货、制革等）和海产；第10辑3编，分作木材、木炭、矿山；第11辑7编，分别是一般工业、磷寸（火柴）、造纸业、精米业、制粉与制面、纺织业及棉丝、棉织物；第12辑6编，分别为制丝业、绢织物、陶瓷器、出版业、文房用具、杂货。在12辑之外，另附有《支那交通全图》。《中国经济全书》所汇集的资料，有的来源于实地调查。有的是文牍档案典章的直接移录，有的是从相关资料中采摘综合。就三种资料的来源形式来看，实地调查和采摘综合的资料最具价值。另外的两套资料，在资料丰富翔实方面更有过之，不过《新修支那省别全志》主要针对西部地区的省份，对于东部中部没有总结。但是《支那省别全志》则将内地十八行省分门别类地进行了调查和分析。

了有关大旅行调查的问题，可能是汉语界率先关注。南开大学历史学院副研究员周传喜对东亚同文书院的发展历程也有撰文，分别是《东亚同文书院始末》、《甲午战争前后日本在上海创办的学校述论》，对于东亚同文书院的发展历程和历史地位有所探讨。

上述两位学者对于东亚同文书院的介绍，都有筚路蓝缕的开创性贡献，但是，主要采用东亚同文会编著的《东亚同文书院大学史》为基础，对于同文书院的一手材料未曾涉及，这也促使笔者对这个问题进行进一步的思考和探讨。

中国学术界对于东亚同文书院的研究还有一些成果，如冯天瑜先生主持的《近代日本人禹域踏查书系》，第一本就是选译了有关的大旅行记录，因为这些记录"具备了特殊的历史学、社会学价值"。

日本学者因为语言优势，对于一手材料使用比较普遍。首先是谷光隆，他在爱知大学担任教授期间，编辑整理了两本专题性的资料汇编，一本是《支那的阿片调查》，另外一本是《东亚同文书院大运河调查报告书》。在浩瀚的调查资料中，以此二者为主线，在20世纪科技尚未惠及学术研究的时候，谷光隆先生花费的精力远远超过普通的资料汇编。这两部专书编成以后，在日本学术界引用的比例很高，但是却没有以此为研究对象，深入到东亚同文书院的研究中去，实为可惜。栗田尚弥在整理《东亚同文书院大学史》之余出版了《上海东亚同文书院》，由点及面的方式展现了大学之部分风貌；西所正道的《上海东亚同文书院风云录》，关注中日两国的关系，对于大学本身的研究略有分歧；山本隆的《东亚同文书院生》再现了自己在华10年的经历，史料价值尤其重要。日本学界的有关论文也不下20篇，主要收录在爱知大学东亚同文书院大学纪念中心的杂志——《同文书院纪念报》中，目前一共出版了14期。

在东亚同文书院研究中，贡献最大的日本学者，当属目前仍在爱知大学任教的藤田佳久教授。他在20世纪90年代，相继编写了四卷本以大旅行调查路线为研究对象的作品：《中国との出会い》、《中国を歩く》、《中国を越えて》、《中国を記録する》。在此基础上，他的《東亜同文書院中国大調査旅行の研究》于2000年问世，是目前唯一一部有关大旅行调查的专书。而他解说的《東亜同文書院中国調査旅行報告書：附録大旅行誌》，是目前爱知大学有关东亚同文书院材料的指导性目录。

藤田佳久先生从地理学的角度，对于5000多名学生对中国的调查进行了系统的整理，按调查路线区分，运用完整的档案材料，收录了大量的原始史料作为分析的对象，虽然收录的部分和整体的史料相比还只是很小的一个比例，但是都具有相当的代表性，如第二章收录的《兰州纪要》、第三章收录的第二期生波多野养作的调查旅行日志、第四章的《西域地方事情》、第五章的福建沿海追踪调查、第六章关于四川、陕西、山西的地域调查报告及图表，都相应说明了一些研究的问题。

还有薄井由女士的硕士论文《东亚同文书院大旅行研究》（上海书店出版社，2001年版），涉及的方面非常多，并且作者不辞劳苦，在上海留学期间，利用回日本探亲的短暂时间，采访了健在的东亚同文书院学生，以口述史的方式，保存了珍贵的一手史料。

笔者还希望通过介绍东亚同文书院大旅行调查的报告书、大旅行日志，以及在此基础上整理的专书，方便中国读者和研究人员了解东亚同文书院（大学），进而认识近代日本对华态度。东亚同文书院的大旅行调查结论性资料，主要集中在20世纪的前30年，由日本外务省资助的东亚同文书院大学，维持了一个规模相当庞大的实地调查，直接的文献有：《支那经济全书》（台湾影印出版时更名为《中国经济全书》）、《支那省别全志》（台湾影印出版时更名为《中国省别全志》）、《新修支那省别全志》。而未整理的资料大概是这些资料的十倍以上，笔者只能宝山选宝，尽可能地把未整理的资料集中在研究的几个方面之内，而很多宝贵的资料必然因为研究的内容有限而不得不放弃。

此外，东亚同文书院还有大量的专题调查报告书，前文已经有所介绍。到了20世纪末，日本学者又对这批资料进行了整理，如有关鸦片问题的资料集成，有关大运河问题的资料，都作为专书出版。

以上仅仅是资料来源方面，资料本身还有深层的意义。一方面，这批资料从外部的视角来观察中国，尤其是对于中国传统的一面的观察，因为观察者自身的文化与被观察的文化具有相当的异质性，才能最大可能反映出我们自身生活于其中而不自知的文化根基，这无疑也是近代外来团体对于中国进行调查给予中国文化内省最大的贡献。在这个层面上还有一个很小的原因，就是日本人在调查过程中仔细和认真的风格。三套调查宏著，数据虽然有些错误，但是总体上是可信的、真实的，在征引文献资料的时候，也实现了考证在前、勘验在后的原则。这也是我在日本的生活中亲身体会的，一位中国友人在日本道路调查局工作的时候，发现日本的道路调查，连路边的每一棵树的位置都有非常准确的统计。

另一个层面，日本对中国的传统和当时的国情又有一定的认识，由于东亚文化的某些共生性问题，可以避免文化优越主义的同情认识或者完全错误认识，虽然在这个问题上，实际的情况会更加复杂，但是，本书对此将展开比较细致和具体的分析。

本书在写作过程中，强调在历史背景下来看待东亚同文书院的产生、发展，最终关闭的过程，即基于日本20世纪初复杂的国内政治背景：军国主义的抬头、泛亚细亚殖民主义的兴起；同时，本书也关注中日由于文化相近所带来的中日友好的交往意愿。因此，本书在坚持反对日本军国主义的立场上，对于日本对华友好的一面、日本内部的反战情绪有一些客观的介绍和评价。

中日关系在21世纪初的几年里，出现了重大的反复，一度落至谷底。战后的日本不愿意重视近代中日政治关系的研究，长期以来避开这个尴尬的问题，导致一系列相关的研究都停滞不前，甚至包括近代中日民间往来、半官方往来的研究也受到影响。而中国国内学术界，在强调中日近代政治、军事、外交关系的研究上，投入的关注过重，同样忽视了近代中日民间、半官方交流的研究。本书在现实意义上希望打破原有的单一领域、单一观点，能在这个领域有所贡献。

第一，不再把东亚同文书院作为一个孤立的现象来看待，而是放到中日关系的大背景下，放到20世纪史中来看待学院的演变和命运。

第二，在基于大旅行调查研究的基础上，分析大旅行调查背后的调查方法、调查者的主体性认同问题，是本书和后续的文章中将要讨论的两个重要组成部分。

第三，笔者期望在研究中，将政治史作为基础，融合经济社会史、教育史研究，而不是简单地为东亚同文书院作传，相反，希望从这个研究中，更多对20世纪的中外交通整体状况，对外国人视野下的中国有进一步的认识和研讨。

本书通过分析20世纪初跨文化交流的一个案例，希望对于正确认识中日关系史，尤其是"以史为鉴，面向未来"，更有必要深刻、理性、力求真实地认识这一段历史。

本书由四章组成。

第一章介绍成立东亚同文书院的机构——东亚同文会，以及东亚同文书院相关的时代背景，以及东亚同文会在历史上的地位和作用。

第二章是东亚同文书院的历史。尤其关注于上海作为东亚同文书院所在地给予其的影响，以及日本对华侵略对于学院命运之决定。

在整体介绍以后，第三章分专题谈东亚同文书院的特色，院长（校长）、教师、学生和毕业生如何活跃在历史舞台，以及相关重要事件。

第四章专论东亚同文书院与中国的关系。集中在中华学生部和支那研究部两个问题上。

在此基础上，余论部分讨论了东亚同文书院如何选择自己与中国的主客体认知问题，以及其认识中国的态度和动机问题，试图解答为何由"友善"着手，却以"帮凶"而终的疑问。

目 录

第一章 东亚同文书院的筹建准备 ………………………………（1）
  第一节 东亚同文会及其时代 ………………………………（1）
    一 明治维新后的日本思想界 …………………………（2）
    二 东亚同文会的成立 …………………………………（6）
    三 在东京的跨国教育试点——东京同文书院 ………（13）
  第二节 东亚同文书院成立前日本人在华调查机构的创设 …（18）
    一 岸田吟香的"乐善堂" ……………………………（18）
    二 荒尾精在汉口开设的"乐善堂分号" ……………（20）
    三 日清贸易研究所的建立 ……………………………（22）
    四 日清贸易研究所的惨淡经营 ………………………（26）
    五 日清贸易研究所的成绩和影响 ……………………（30）
  第三节 东亚同文书院的建立 ………………………………（32）
    一 东亚（南京）同文书院创设的准备 ………………（33）
    二 南京同文书院成立 …………………………………（37）
    三 建立之初的三次动荡 ………………………………（38）

第二章 东亚同文书院的兴衰 ……………………………………（44）
  第一节 成长时期（1900—1914） …………………………（45）
    一 新至上海 ……………………………………………（45）
    二 立校之初 ……………………………………………（47）
    三 丰厚的学生待遇 ……………………………………（48）
    四 办学条件的提升 ……………………………………（50）
    五 战火波及 ……………………………………………（51）
  第二节 全盛时期（1915—1932） …………………………（53）
    一 徐家汇校舍 …………………………………………（53）

二　农工科的兴废 …………………………………………………（57）
　　三　黄金十年中的几次庆典 ……………………………………（58）
　　四　1930年大罢课事件 …………………………………………（63）
　　五　战火重燃 ……………………………………………………（65）
第三节　战争时期（1932—1945）………………………………………（70）
　　一　靖亚神社 ……………………………………………………（70）
　　二　1937年淞沪会战前后的书院 ………………………………（72）
　　三　大学升格 ……………………………………………………（74）
　　四　战中办学 ……………………………………………………（76）
　　五　战败停学 ……………………………………………………（79）
尾声：东亚同文书院大学的继承（1945—2006）………………………（81）

第三章　东亚同文书院的众生相 …………………………………………（86）
第一节　东亚同文书院的院长 ……………………………………………（87）
　　一　根津一 ………………………………………………………（87）
　　二　杉浦重刚 ……………………………………………………（89）
　　三　大内畅三 ……………………………………………………（90）
　　四　本间喜一 ……………………………………………………（93）
第二节　东亚同文书院的教师群体 ………………………………………（94）
　　一　初期教师阵容 ………………………………………………（95）
　　二　全盛期教师阵容 ……………………………………………（98）
　　三　后期教师阵容 ………………………………………………（103）
第三节　学生及其生活 ……………………………………………………（106）
　　一　学生来源 ……………………………………………………（106）
　　二　校园生活 ……………………………………………………（110）
　　三　左翼学生运动 ………………………………………………（114）
第四节　毕业生 ……………………………………………………………（120）
　　一　毕业生的总体情况 …………………………………………（120）
　　二　毕业生的众生相 ……………………………………………（122）

第四章　东亚同文书院与中国 ……………………………………………（129）
第一节　中华学生部 ………………………………………………………（129）
　　一　顾虑重重的办学之路 ………………………………………（130）
　　二　风波迭起的20年代 …………………………………………（131）

三　濒临关闭的退学风潮 …………………………………………（133）
　　四　中华学生部的毕业生 …………………………………………（134）
第二节　支那研究部 ………………………………………………………（137）
　　一　创设要旨 ………………………………………………………（137）
　　二　支那研究部的职能 ……………………………………………（138）
　　三　《支那研究》的发行 ……………………………………………（139）
　　四　物产馆 …………………………………………………………（142）
第三节　东亚同文书院与中国20世纪初的教育业 ……………………（143）
　　一　东亚同文书院教师与中国教育 ………………………………（143）
　　二　东亚同文书院毕业生与中国教育 ……………………………（146）

余论　东亚同文书院及日本与近代中国 …………………………………（149）

附录 …………………………………………………………………………（156）
　　附录一　东亚同文会会长、副会长和干事长一览表 ……………（156）
　　附录二　东亚同文书院（大学）历任校长和校舍变迁 …………（157）
　　附录三　东亚同文书院（大学）每年通行惯例 …………………（158）
　　附录四　大旅行调查编年纪事 ……………………………………（158）

参考书目 ……………………………………………………………………（163）

第一章

东亚同文书院的筹建准备

东亚同文书院在国际关系史的研究中是一个极其特殊的现象。要实现这样一个庞大的教育计划，需要相当大的政治、经济实力和影响，这就使人们不禁关注隐身幕后的主办者——东亚同文会，东亚同文会是一个什么样的机构？为何要在日本以外的国家建立一所规模宏大的教育机构？又是如何建立起来的？

要了解东亚同文会，不得不对日本19世纪后期，尤其是明治维新以来，社会思潮和政治思想的急剧转变作一专门的说明。可以说，从"东亚认识、同文理论"到东亚同文会，再到东亚同文书院，三者所蕴含的是一脉相承的思想体系。"东亚认识、同文理论"植根于明治维新以来日本社会急剧变化所带来的思想革新；东亚同文书院在实践的最前沿；东亚同文会作为媒介，甚或更接近于康德"感性—知性—理性"中的"知性"而存在，处于理论和实践的交织与迂回中，又在不断调适（或创新）整个理论。因此，远离东亚同文书院的日本思想界、遥控校方的东亚同文会，不仅和这所大学的命运息息相关，更深远的意义在于，由此放眼于一个长时段的历史中去认识三者及其相互关系，这或许才是关心中国与日本以及整个东亚过去、现在和未来命运的最终旨趣所在。

第一节 东亚同文会及其时代

自西风东渐以来，不仅是东亚朝贡体系的核心——中国，面临着"三千年未有之大变局"，作为这个体系的一员的日本（也有学者认为日本在朝贡体系属于半边缘结构），不仅要在欧风美雨中"开国"，而且"迟早必然同近代以后也发挥作用的朝贡体系全面展开对抗"①，在这样一个希望与危机并存的时代中，沉默了十多个世纪以后的日本，终于迎来了一个思想的全盛时期。

一　明治维新后的日本思想界

认识日本思想的过程中，简约地归纳前明治时期是东方文化，后明治时期是西方文化，是一种极不科学的方法。事实上，文化在两个方向延伸，一个是时间上的延伸，一个是地域性延伸，两种延伸都绝对不会有非此即彼的边界；在时间维度上的延伸，文化变迁的速度不保持匀速；在地理延伸的标尺中，以"联系"来维系文化的"延续"性。以此，从西方视野而脱离东方文化的研究中，日本"是一个独特的体系。它既不属佛教，也不属儒教。它是一个日本体系"。②

深入到明治时期，这一时期主流思想指向是"脱亚入欧"。但是，"脱亚入欧"作为一个整体的概念常常被误读，明治时期的思想家就已经注意到了这个问题。福泽谕吉的早期著作中，通过对于文明的相对进步，有很多基于理性地对待文化变迁的怀疑："只要真理所在，就是对非洲的黑人也要畏服，本诸人道，对英美的军舰也不应有所畏惧。"③ 对于"入欧"，福泽谕吉的积极是毋庸置疑的，但是他并不认为欧洲的历史进程就必然都是值得日本学习的，例如他使用调侃式的方式假设日本的宗教改革家亲鸾上人④生活在基督教改革家马丁·路德时代的德国，那么对亲鸾上人的评价不会是鄙夷轻视，而一定是崇高而完美；让马丁·路德调换一个时代和文化氛围，比如生活在相对落后的日本，那么由于宗教改革引起的血腥镇压、生灵涂炭，一定会被作为宗教改革的恶果广为宣传。福泽谕吉因此告诫读者："本来仰慕西洋文明，择其善者而效之是可以的，但如这

---

①　［日］滨下武志：《近代中国的国际契机——朝贡贸易体系与近代亚洲经济圈》，朱荫贵等译，中国社会科学出版社1999年版，第50页。

②　［美］本尼迪克特：《菊花与刀——日本文化的诸模式》，孙志民等译，浙江人民出版社1987年版，第17页。

③　［日］福泽谕吉：《劝学篇》，群力等译，商务印书馆1984年版，第4页。

④　亲鸾上人针对佛教净土真宗的重大改革，强调念诵"南无阿弥陀佛"，不讲求对艰深佛学教理的钻研和个人长期刻苦的修行，受到广大中下层民众的欢迎，因而使佛教在日本广为流传。

样不加辨别地轻信，就还不如不信。"①

作为思想转型期的代表人物，福泽谕吉的思想体系也相当复杂，如果局限于他的某一部分著作，很容易误解或者扭曲对他的认识。譬如他的代表作《劝学篇》中的第四篇《论学者的职分》②："政府是日本的政府，人民是日本的人民……国民与政府的力量亦能平衡，才可以维持全国的独立。"作为福泽谕吉"人人独立，国家就能独立"③观点的延伸，这个论点不仅区分了国家与政府，而且似乎力图说明人民、政府和国家三者的关系。④然而实际上，福泽只是想说明学者协助政府的途径不需要通过参与政府做官，而是应该在政府之外办理私人（营）事业，这才是福泽支持的学者协助政府完成独立（实际上指的是国家的富强）的正确途径。由此可见，他在学习西方政治思想的同时，尤其是他早期致力于启蒙思想的经典著作中，很多近代政治观念仍然在消化过程中，尚未能转变为自身思想之一部分。

明治时期的思想界不仅在发育，而且也在分化。在众多思想流派和趋势之中，国家主义、民权主义和自由主义略占主流。

植木枝盛是自由民权主义的思想代表，自由民权运动在明治时期的主要目标是开设国会，由臣民向国民过渡。但是自由民权主义"并未涉及市民的自由和权利这一核心观念"，而是以"爱国"作为思想价值的终极目标，力图宣扬的是"以国家观念为主导的个人的自由主义"⑤。因此，自由民权运动在日本思想界和社会之中，传播的是近代民族国家概念，从这

---

① ［日］福泽谕吉：《论怀疑事务与决定取舍》，载氏著《劝学篇》，群力等译，商务印书馆1984年版，第89页。

② 参看《劝学篇》第四篇。这篇文章同时引发了加藤弘之（东京大学第一任校长，教育家、政治学家）、森有礼（日本第一任文部大臣，日本近代教育的奠基人，外交家）、西周（哲学家和心理学家）等人的反驳。

③ 明治时期的启蒙思想家对"个人独立，家庭独立，国家独立"的观点有惊人的一致，包括西周、中村正直、津田真道、箕作麟祥等。参见张艳茹、邹晓翔《论日本明治初期的启蒙思想——以〈明六杂志〉为中心进行探讨》，《日本问题研究》2002年第1期。

④ 在福泽谕吉这篇文章发表数年之后，明治十二年（1879）4月，民权运动重要领袖植木枝盛明确提出了"国家是民众的集合物，政府是国家的行政机构"。［日］植木枝盛：《民权自由论》，吉野作造编《明治文化全集·第5卷：自由民权篇》，日本评论社1927年版，第184页。

⑤ ［日］松本三之介：《国权与民权的变奏——日本明治精神结构》，李冬君译，东方出版社2005年版，第14、50—51页。

个意思上，民权主义和自由主义毫无疑问地落入了国家主义的窠臼。

国家主义对于明治时期的社会主义者也有着决定性的影响。像幸德秋水这样在理论和实践两方面都堪称日本社会主义的领军人物，在著作中也要不断声明"社会主义同他们所说的国体——两千五百年一贯的皇统，当真有矛盾冲突吗？对于这个问题，我必须坚决给予否定的回答"，"能够采取社会主义的帝王和国家，比较那些依靠富豪的帝王和国家，要强盛的多，社会主义并不是非排斥帝王不可的"。①

国权主义的思考方式和利益决定模式，也就使得这一时期的思想家、政治家、社会活动家对于东亚局势的观察，既取消了世界主义（国际主义）的可能，又因为日本尚不具备成为大国而对潜在或实在的大国心存戒备。

被视为东亚同文书院三位奠基人之一的荒尾精，被尊称为"东亚先觉者"，对于东亚格局的演变，内心的矛盾和犹豫跃然纸上：

> 应当救中国于未亡……使他振兴，以强我之唇，固我之辅，筑起实现兴亚大业的基础。……中国富强以后而欲反噬时，不仅不能使我国持唇齿目足之势而展振兴东亚的大志，而且会使我国本欲抑制英俄的强横反而将强大于英俄数倍的敌人设于一衣带水的对岸。本欲图东亚的兴隆与和平，反而招致骚乱与危亡。这不是值得着眼大局、思国家百年的长计者深谋远虑的重要问题吗？②

尤其是 19 世纪 80 年代围绕朝鲜问题的"壬午兵变"、"甲申事变"发生以后，在日本"不论是政府还是民间，不论是民族主义者还是亚细亚主义者，他们在进行价值判断时优先考虑的都是日本的国家利益，而不是亚洲的整体利益（当然，少数古典亚细亚主义者如樽井藤吉、曾根俊虎等人除外）。在这种情形之下，民间的亚细亚主义往往被政府所推行的大陆政策所利用"。③

---

① ［日］幸德秋水：《社会主义与国体》，收入氏著《社会主义神髓》，马采译，商务印书馆 1985 年版，第 51、53 页。

② ［日］荒尾精：《对清意见》，转引自［日］升味准之辅《日本政治史》第二册，董果良译，商务印书馆 1997 年版，第 288—289 页。

③ 王屏：《近代日本的亚细亚主义》，商务印书馆 2004 年版，第 139 页。

第一章　东亚同文书院的筹建准备

在国权主义向军国主义的过渡中，日本所谓的"保全清国"，是"用来束缚其他帝国主义者手脚的一种手段、方法，以使日本这一个后起的殖民国家，能在积聚力量之后，跟其他殖民国家较量，而不是真正想要保全大清帝国"。①

这种模式对于这一代人的影响是深远的，以至于决策者长期强调日本的自身安全，政界元老西园寺公望就是一例。在1931年"九·一八"事变以后，伪满洲国总务厅长官驹井德三在回忆面见西园寺公望时，这位德高望重的政治家对于建立"满洲国"充满了忧虑："如再从满洲跨出一步，就将危及日本的国家基础。"②

就是到了第二次世界大战时期，日本军民的反战情绪，很多也都植根于关心日本国家自身之安危。如伪满建国大学的藤田松二教授曾提出："请把满洲、台湾等地还给支那人，把朝鲜还给朝鲜人。如果那样做的话日本也不会灭亡。"③

丸山真男在总结明治维新的贡献时指出："明治维新是通过一君万民的理念，排除介于国民与国家政治秩序之间的障碍、打开民族主义发展轨道的划时代的变革。"④ 民族主义向国权主义的发展，得到了理论和实践的双重支持，但是，国权主义再深入思想界的方方面面时，却未能找到理论的出口。时代缓缓地前行，从来没有等待。因此，在还没有弄清楚"日本应该在一种什么样的立场上使自己变成'强国'，变成'一流国'，成为'伟大的民族'"⑤ 的思想混沌之中，一系列关心东亚问题的组织已经呈现出来，最终整合为东亚同文会。

胡适在1938年发表《中国与日本的现代化运动——文化冲突的比较研究》时，曾经非常明确地指出潜伏在这种移植现代化之下的危机：

　　日本的现代化并非没有很重大的不利之处。日本领导人的较早时

---

① 汪向荣：《日本教习》，中国青年出版社2000年版，第269页。
② [日]驹井德三：《去大陆的悲愿》，转引自[日]升味准之辅《日本政治史》第三册，董果良译，商务印书馆1997年版，第715页。
③ [日]水口春喜：《"建国大学"的幻影》，董炳月译，昆仑出版社2004年版，第18页。
④ [日]丸山真男：《日本政治思想史研究》，王中江译，三联书店2000年版，第280页。
⑤ [日]野村浩一：《近代日本的中国认识》，张学锋译，中央编译出版社1999年版，第42页。

期实现这一急速的转变，他们之中的最有远见者也只能看到与理解西方文明的某些表相。他们处心积虑要保存自己的民族遗产，加强国家与皇朝对人民的控制，因而小心翼翼地保护日本传统的大量成分，使之不致受到新文明的触染。人为地采用好战的现代化的强硬外壳来保护大量中世纪传统文化，在这其中不少的东西具有原始性，孕育着火山爆发的深重危险。①

回到明治时代，日本思想界的盛宴刚刚开始，没有谁会留心于潜伏的危险，甚至绝大多数近代日本思想家和观察者没有意识到：近代日本思想界表面上纷繁复杂，而实际上又可归结于国权主义的浅显一隅。加之日本在一路领先中国之后，"由'一等国'的日本来领导'未开化'的中国，并且有必要对之进行'教导'了"②。东亚同文会正是在满怀憧憬中，举着"保全中国"、"协助中国改革"③的纲领，走上了历史的舞台。毫无疑问，东亚同文会和属下的政治家、思想家并没有能够认识到所处时代的思想缺乏内在的正义观念，终究也就未能走向实践的正义。

二 东亚同文会的成立

1874年，日本第一次入侵中国台湾失败，"明治三杰"之一的大久保利通以全权大臣的身份被派往中国交涉。大久保利通出使归国后，深感中国和东亚问题将迅速成为日本对外关系的关键，于1877年在东京成立了

---

① Hu Shih. 1938. *The Modernization of China and Japan*：*A Comparative Study in Culture Conflict*, Caroline F. Ware, ed. *The Culture Approach to History*, New York, 1940, p. 245. 这篇文章与发表在 *Amerasia*（《美亚杂志》）上的 *The Westernization of China and Japan*（*Amerasia*. Vol. 2, No. 5, July 1938）是同一篇文章。胡颂平编：《胡适之先生年谱长编初稿》，台北联经出版公司，1984年版，第1631—1638页。

② 刘建辉：《产生自日本的中国"自画像"》，收入中国社会科学研究会编《中国与日本的他者认识》，社会科学文献出版社2004年版，第96页。

③ 《东亚同文会设立决议》，载[日]东亚文化研究所编《东亚同文会史·明治大正篇》，财团法人霞山会1988年版，第266页。同一决议，在1936年东亚同文会编《对支回顾录》中，是"保全中国"、"协助中国及朝鲜的改革"（参见中文译本《对华回顾录》，[日]东亚同文会编，胡锡年译，商务印书馆1959年版，第470页，《东亚同文会成立纲领》），而日本吞并朝鲜以后的所作所为，也正是国权主义者思想与行动脱节的表现。

"振亚社"①,这是日本近代第一个以中国为研究对象的组织;成立不久,"振亚社"就提出要与清国交换留学生,从教育方面影响中国社会②。

从此,关心中国问题成为日本国内的一个热点。很多人开始思考中国对于日本、对于东亚、对于东方文化的关系。1887年,当宫崎滔天向其兄长弥藏传教时,弥藏谈论多年思考的问题,在宫崎滔天的心中种下了"中国革命决定亚洲命运"的种子:

> 强者逞暴,日甚一日,弱者的权力自由,一天天地丧失殆尽……假使有人重人权、尊自由,就必须速谋恢复之策。现在如不设法防止,则黄种人将永远遭受白种人的压迫。而这个命运的转捩点,实系于中国的兴亡盛衰。中国目前虽然衰弱,但地广人多,如果能扫除弊政,统一治理,并能善加利用,不仅可以恢复黄种人的权利,更足以号令宇内,行道于万邦。关键只在于能有堪当大任的英雄奋然而起。③

在振亚社之后,日本有关东亚研究的社团为数不少,如东邦协会、兴亚会、同人会、同明会等。此后20年中,各种有关东亚研究的组织林立,主要社团及其传承变化如表1-1所示。在舆论界和文化界要人的促成下,这些团体开始不断分化或合并,此间虽然政界和贵族以个人身份参与这些组织的情况为数不少,但是因为这一时期日本的国内问题仍然是日本政治的重点,日本政府并没有直接干预这些协会的重组。1894年甲午战争以后,东亚问题开始成为日本政府关注的首要问题,这些协会的合并速度明显加剧了,政府力量也开始直接介入,直到1898年,由"东亚会"和"同文会"两个组织合并而成东亚同文会,在1900年再度合并亚细亚协会后,成为日本最大的东亚问题智囊库。

---

① 刘其奎、刘敏州译:《近代日本对华文化事业》,译自日本大藏省主编的《关于日本海外活动的历史调查》大型资料集通卷第二十八册,《史林》1988年第2期。
② 黄新宪:《对近代日本在华创办的学校教育考述》,《江西教育科研》1990年第5期。
③ [日]宫崎滔天:《三十三年之梦》,佚名初译,林启彦改译、注释,花城出版社1981年版,第30—31页。

表1-1　　　　　　　日本主要东亚研究社团转变及传承

振亚社（1877）					
东邦协会（1891）					
兴亚会（1880）	亚细亚协会		东亚同文会（1900）①	霞山俱乐部（1946）②	财团法人霞山会（1958）
同人会	东亚会（1897）	东亚同文会（1898）			
同明会				财团法人沪友会（1946）	
同文会（1897）					

资料来源：黄福庆：《近代日本在华文化及社会事业之研究》，"中研院"近代史研究所，1982年，自序第4页，略有修订。

1897年春天，在欢送福本成前往欧洲的送别会上，陆实、三宅雄二郎、池边吉太郎、志贺重昂等人决议成立"东亚会"，并很快公布了首次决议：

一、发行机关报，由江藤新作负责；
二、研究时事问题，经常发表见解；
三、欢迎横滨、神户地区中国人同仁加入；
四、同意辅佐光绪皇帝变法失败后亡命日本的康有为、梁启超加入本会。③

但是东亚会并没有实际的资金来运作，机构也相当松散，甚至连会长和召集人也没有设立。不过该会会员之间关系相当密切，研究讨论的气氛浓厚，在理论和人员上具有相当的优势。

---

① 1922年，东亚同文会正式改制为财团法人。
② "霞山"是近卫笃麿的字，1923年（大正十二年）的东京大地震，东亚同文书院的东京事务所和图书馆全部被烧毁，1928年（昭和三年），在麹町区三年町御料地，新建东亚同文会办公楼"霞山会馆"。不仅东亚同文会馆采用了这个名字，东亚同文会解散以后，部分相关人员尔后成立的会社也借用了近卫的字。
③ ［日］财团法人霞山会：《东亚同文会史·明治大正编》，东京：财团法人霞山会1988年版，第30页；同时可以参见黄福庆《近代日本在华文化及社会事业之研究》，台北"中研院"近代史研究所1982年版，第6页。两处援引资料略有不同，但是都没有指出：第四条明显不属于成立之初讨论的内容，因为戊戌变法失败是1898年9月，尚在东亚成立1年半以后的事情。但是两处文献均如此记载，极有可能是东亚会对付同文会的斗争策略，原因详见下文。

第一章　东亚同文书院的筹建准备

1898 年，以原乐善堂、日清贸易研究所①成员为主的"同文会"成立，并请贵族院院长近卫笃麿出任会长。同文会在东京赤坂溜池成立以后，即宣布了自己的四项主张：

一、为了研究中国问题开展各种调查，并策划协助有关事业；
二、在上海设立同文馆，两国有志之士均可加入；
三、在东京发行《亚东》，在上海发行《亚东时报》，两杂志作为对外宣传机关；
四、在上海还要设立同文学堂，作为中日两国人民的教育机构。②

参加创立同文会的成员，大多数都有前往中国调查，甚至作为军事间谍的经历，对于中国问题，偏重于实地考察和开设教育机构的实践操作，因此在《同文会设立趣意书》中就以"从事各项调查"为己任，并制定了详细的行动规划：

一、在上海设立同文会馆，两国有志之士均可加入；
二、在同文会馆设立附属图书馆，编辑两国需要之图书；
三、在同文会馆设立附属翻译局，翻译两国图书；
四、在上海和东京均设立同文学堂；
五、在上海、福州、汉口、天津、重庆以及广东等地，逐步开设汉字新闻报馆。
六、（在中国）经营航海、贸易、银行、矿山等事业；
七、保持与上海乙未会亚东报③、东京精神社时论的联系。④

---

① 参见本章第二节。
② ［日］财团法人霞山会：《东亚同文会史·明治大正编》，东京：财团法人霞山会 1988 年版，第 31—32 页。
③ 1898 年，由宗方小太郎和白岩龙平组成的日本乙未会在上海创办《亚东时报》，山根虎之助担任编辑。廖梅：《汪康年：从民权论到文化保守主义》，上海古籍出版社 2001 年版，第 165 页。同书第 177 页注 105 中指出："上海同文会成立以后，乙未会解散。"按，上海同文会的提法还没有其他文献佐证，如果为"东亚同文会"之误，又与行动规则之第七条矛盾。
④ ［日］财团法人霞山会：《东亚同文会史·明治大正编·活动编》，财团法人霞山会 1988 年版，第 265 页。

由此可见，同文会对于中国的情况比较了解，但是在动机上也相当复杂，既有真心向往中国革命的，也有包括了"想藉此开拓中国市场……想在中国扶植日本势力，或想对抗欧美的资本主义，或响应一部分中国人所主张的中日提携"①。

侧重实践的同文会与侧重于理论性时事研究的东亚会各自有自己的打算。同文会的目标是"经营东亚"，东亚会的目标是"支那保全"；前者是日本国家主义者基于日本利益和安全的考虑，后者恣意于中国革命的启蒙者自居，多以指导中国革命为己任，如陆实在《支那新论后序》中"新设一官府，以总管之，犹普国朝延（廷），有（犹）日耳曼社（政）府"②。

照常理，两个组织各有主张，合并没有太多的必要，并且也很难长期相处，但是，因为两个组织在经费问题上，几乎同时向当时日本首相大隈重信提出资助的请求，代表东亚会的是大隈最重视的犬养毅，代表同文会是贵族院院长近卫笃麿。虽然此时大隈重信的对华主张多近于东亚会，但是同文会毕竟在政府之中有相当大的影响，不能忽视该会中一位公爵、三位子爵，以及川上操六总参谋长等人的支持③，于是，在大隈的调和下，两个风格迥然的组织合并了。④

1898年11月2日，东亚会和同文会正式合并为东亚同文会，同文会会长近卫笃麿出任首任会长，长冈护美子爵任副会长，陆实任干事长⑤。在讨论协会纲领的时候，首先是支持渐进变法的东亚会温和派和支持孙中山的革命派发生了争执，同文会方面调停，认为当前的要旨在于"援助清国以防止为列国所瓜分"，反而同时与东亚会温和派、革命派发生对立，同文会希望新的东亚同文会能够"建立于政党（偏见）之外"，也没有得到其他两派的支持，最终，三方达成的协议是，以"保全支那"作为首

---

① 黄福庆：《近代日本在华文化及社会事业之研究》，第9页。
② ［日］陆实：《支那新论后序》，东邦协会出版佐藤正《支那新论》，陆实为之后记。此文收入［日］财团法人霞山会《东亚同文会史·明治大正编》，东京：财团法人霞山会1988年版，第244—245页。
③ 这几位政府要人与同文会成员的关系，参见本章第二节、第三节。
④ ［美］任达：《新政革命与日本——中国，1898—1912》，李仲贤译，江苏人民出版社1998年版，第35页。
⑤ 历任会长、副会长、干事长及总裁的名单参见附录一。

要纲领，会员可以各自进行解释。另外东亚会中国籍会员可以保留新的东亚同文会会员资格，但是东亚同文会不与中国的任何党派发生直接的关系，即"本会建立于政党之外"。这样一来，一旦中国发生革命或政治动荡，东亚同文会仍然得以长期存续，这一点虽然不久就在近卫笃麿访华与刘坤一、张之洞协议中失效，但是对于安抚东亚会和革命派同志，还是发挥了暂时团结的作用。公布的东亚同文会纲领是三方互相妥协的结果，也是东亚同文会对于日本政府大陆政策①第一次比较完整的表述：

一、保全中国；
二、帮助改善中国以及朝鲜；
三、定期对中国以及朝鲜的时事问题进行研究讨论；
四、引起日本国民关注（中国以及朝鲜问题）。②

纲领之争刚刚落下帷幕，基于前述的分歧，会中又爆发出一系列矛盾，马上竟面临有可能导致分裂的关键性争论。

导火索是成立大会8天以前，1898年10月25日，有位特殊身份的中国人，在日本浪人和政府的秘密保护下，来到了日本。此人即戊戌变法的主角康有为，而此前数日，另一位关键的变法参与者梁启超已经逃赴日本。③ 东亚会原本因为观点与中国的变法派相当一致，通过建立私人联系，与康、梁有非常密切的往来；戊戌变法失败以后，东亚会马上就做出营救变法领袖的决议，甚至派佐藤宏、安东俊明致信要求政府营救变法领袖。④ 因此，对于两位避难客人非常热情，根据东亚会章程中本有的"欢

---

① 雷国山认为，日本的大陆政策思想可以分为两部分，首先是对朝鲜的大陆政策，其次是对中国的大陆政策。雷国山：《日本侵华决策史》，学林出版社2006年版，第27页注1。这样确实方便于揭示东亚同文会对于朝鲜态度的转变，即由辅助到吞并的思想理论历程。

② ［日］财团法人霞山会：《东亚同文会史·明治大正编·活动编》，财团法人霞山会1988年版，第33页。

③ 王树槐根据《日本外交文书》认为是九月初一从大沽出发，九月初三日抵达日本；茅海建根据《外务省记录》认为是八月二十七日出发，八月二十八日抵达日本。王树槐：《外人与戊戌变法》，上海书店出版社1998年版，第190页；茅海建：《戊戌变法史事考》，三联书店2005年版，第496页。

④ 翟新：《近代以来日本民间涉外活动研究》，中国社会科学出版社2006年版，第57页。

迎相同志向的中国人加入"一项（即第三项），当即表示"欢迎康、梁加入为会员"①。

同文会对此表示不同意见，反对接受这两位成为会员，这与同文会务实的风气有关，即认为与康、梁维持过于密切的关系，会有损于东亚同文会在中国事业的开展。两派爆发争论，东亚会修改章程，即加入第四项，要求"同意辅佐光绪皇帝变法失败后亡命日本的康有为、梁启超加入本会"。

原本属于同文会的成员在这样的威胁下，同意妥协，即将康、梁纳为会员，但是获得刚刚继任首相的山县有朋的鼓动和支持，从另一方面着手，游说和暗示康、梁本人尽快离开日本。

另外，日本政府因为人事变更导致的态度转变也迅速影响了原本属于东亚会的会员，最典型的是原东亚会发起人之一、现任东亚同文会干事长陆实（陆实也是东亚会在东亚同文会中的最高职务者），在1899年1月发表了《社交上的日清》②，直接批评康、梁把私人关系和国家关系混淆，对于国际政治毫无认识，将在外交上使日本陷入不利和被动③。

东亚同文会的务实态度，也收到了一定的实效。1899年10月，近卫笃麿前往南京与清政府两江总督刘坤一会见时，刘坤一代表清政府，对于日本政府对待变法维新人士的处理方式表示非常满意，并且同意东亚同文会在华兴办教育。④

东亚同文会本来属于民间自发的研究东亚问题的组织，但是日本政府之所以能够影响东亚同文会，最关键的原因就是东亚同文会成立之初，与革命派关系友好的大隈重信首相鉴于资金不足，只能让东亚会和同文会"和衷共济"，共同使用一笔政府补贴；而继任的山县有朋首相不仅没有与中国革命团体的私人关系，甚至对华态度也绝无友好可言⑤，为此，东

---

① ［美］任达：《新政革命与日本—中国，1898—1912》，李仲贤译，江苏人民出版社1998年版，第35页。
② ［日］陆实：《社交上的日清》，《东亚时论》，第3期。
③ 翟新：《近代以来日本民间涉外活动研究》，中国社会科学出版社2006年版，第68页。
④ 参见本章第三节。
⑤ 山县有朋首相不仅没有与中国革命团体的私人关系，甚至1893年就提出《军备意见书》，准备吞并朝鲜，1894年甲午战争就是在其主事之下发动的。［日］升味准之辅：《日本政治史》第二册，董果良译，商务印书馆1997年版，第282—283页。

亚同文会中有一些与中国革命志士关系密切的会员甚至受到会内的批评和处分，这也使得务实的东亚会逐渐取得在东亚同文会中优势①。

大隈重信在辞去首相之前批准的给予东亚同文会活动经费的方案，直到半年以后的1899年4月，才在外相青木周藏主管的外务省机密费中划拨4万日元，主要使用在中国及朝鲜开设支部或办事处，以及创办杂志报纸，当然，同文会核心的主张——在华开设学校——逐渐成为各种项目中的重中之重。而东亚会的主张虽然并未予以实际的打压（甚至原东亚会会员的言论更加多的在舆论刊物上得以宣扬，主要因为东亚会组成人员从始至终在理论上占有优势），但是东亚会的影响越来越小，其宣扬的理论内容已经脱离了日本帮助中国富强的"义道"，转变并且最终彻底融入以现实主义政治思想为主的对华政策之中，东亚同文会的理想主义者们——东亚会的成员——更多的是为扩张日本的权益而一面保持着对西洋列强的高度警惕，一面在对华活动中积极寻求新的机遇。②

三 在东京的跨国教育试点——东京同文书院

东亚同文会强调要与中国保持良好的关系，最直接的表现就是培养清国留日学生。

从1898年开始，由张之洞为首的地方督抚相继派出留学人员前往日本，"1899年，（中国派往日本的）留学生的派遣工作有突破性发展"③。是年1月，湖广总督张之洞甚至将孙子张厚琨留学日本事委托与近卫笃麿。

把留学教育作为两大支柱之一的东亚同文会，看到这样的形势，马上作出了主动的回应。1899年6月，东亚同文会召开评议员会议，决定事项中有两条与东京同文书院有关④：

---

① 但是，东亚会与同文会的矛盾，并没有随着东亚会逐渐消亡而结束，东亚同文会对华的务实与理想主义仍然是其自身发展中常常面临的矛盾，比如开设东京同文书院、东亚同文书院中华学生部，就是东亚会的对华友好、促华发展主张，与东亚会的教育理念的共同结果。
② 翟新：《近代以来日本民间涉外活动研究》，中国社会科学出版社2006年版，第82页。
③ ［日］实藤惠秀：《中国人留学日本史》，三联书店1983年版，第27页。
④ 另外还有一条，是有关1895年在韩国京城会洞建立的京城学堂追加补助的事项［第3条、同意京城学堂增加补助费用，但是本年（1899年）只能支付600日元。］。［日］财团法人霞山会：《东亚同文会史·活动篇》，财团法人霞山会1988年版，第273页。

一、为清国留学日本学生设立同文学堂，教授日语、普通学，作为升入高等学校的平台；

二、同文学堂的资金由亚细亚协会的捐款中支出。

同年 7 月，设立特别第一委员会，由代理会长长冈护美和教育家伊泽修二等七名东亚同文会会员组成，专门负责同文书院有关事项。

10 月，在东京牛込山吹町，东京同文书院成立①。学校监督为中西重太郎②，同时任命四名教授。东京同文书院学制两年，科目设置包括日语（含文法、会话、阅读）、物理和化学、英文、数学，还有特别科目，如历史、地理等。

1899 年底，张之洞派往日本的 13 名学生进入该学院，但是就读不到一年，因为清廷同时向八国宣战，包括日本，留日学生奉命回国，没有达到预期的目标。

庚子之乱还未平息，1900 年 4 月，又有另外四名中国留学生进入该学院，年龄最小的 18 岁，最大的 27 岁，在中国国内已经中学毕业。学院为了让这四名学生更多地了解日本，在暑期还组织前往关东地区相模湾一带的湘南风景胜地，一边举行夏期讲习。6 月，校址迁往牛込区中里二四。

1901 年 1 月，东亚同文会干事长、东亚同文书院院长根津一兼任东京同文书院监督。学员招生人数达到 20 名，校舍再次迁移，改为赤坂桧町。根津一作为职业教育家，制定了《东京同文书院章程》，包括名称及所属、目的、组织、修业年限及学科、学年学期、入学退学、考试、学

---

① 实藤惠秀认为东京同文书院成立于 1902 年 1 月 19 日。[日] 实藤惠秀：《中国人留学日本史》，北京：三联书店 1983 年版，第 45—46 页。这是因为他把书院在神天锦町校舍时代作为开设的时间。另外还有一个原因就是 1899 年开设时，并没有致力于宣传广告招生，而 1899—1901 年的三年中，东京同文书院已经招生至少 37 名。

② 中西重太郎精通英法等语言，1900 年，中西作为与孙中山保持距离的康有为支持者，主动提出陪康有为周游各国做翻译。7 月抵达新加坡，准备与康一同出访欧洲，却出乎意料地被当作了刺杀康有为的同伙，获释以后，中西愤怒地返回了日本。[日] 狭间直树：《就刘学询与孙文关系的一个解释》，《学术研究》2004 年第 11 期。

费、寄宿和附则共十章。①

学生第一年上课科目为日语阅读、日语会话、日语语法、数学、英语和体操，共计六门；第二年科目为日语阅读、日语会话、日语语法、翻译、数学、英语、物理和化学、地理、历史、体操，共计十门。每学年分为三学期，4—7 月为第一学期，9—12 月为第二学期，次年 1—3 月为第三学期。根津一还规定，学员以儒家教义为行为宗旨，因此要参加祭孔仪式。②

1902 年 1 月，学院迁往神田锦町新校舍，举行了盛大的开院式，还邀请了赴任不久的清国驻日公使蔡钧致辞，同时还邀请了日本文部省、外务省、专门学校（大学）和新闻机构，大肆宣传学院与清政府的关系，而且致力于发展与专门学校、大学的关系，以方便学生的升学，并保证对清国留学生的学费上有所优待。因此，这一年学院招生 50 多名。根据《东京同文书院章程》，学生每月费用是：学费是 2 日元，住宿费 1 日元，煤油费 1 日元，餐费 8 日元。③ 这样一年最多只需要 144 日元，而黄兴、鲁迅和陈独秀求学的弘（宏）文书院④，每年光学费和住宿费即为 300 日元。

就在 1902 这一年，清廷关于派遣留学生发生大的争议，要求留学有驻日本公使的保证才能入学，因而引发"吴稚晖投河自杀案"⑤。长冈护

---

① 详见《东京同文书院章程（明治三十四年）》，收入［日］财团法人霞山会《东亚同文会史·活动篇》，财团法人霞山会 1988 年版，第 79—80 页。

② 升味准之辅认为，中国留学生也不会选择这所学院，因为根津一奉行"以儒教为经，以知识为纬"、复兴尊孔的捧读《圣谕广训》的教育方针。而留学日本的学生，对于新鲜事物更感兴趣。［日］升味准之辅：《日本政治史》第二册，董果良译，商务印书馆，1997 年版，第 420 页。

③ ［日］实藤惠秀所看到的有关东京同文书院学费及相关开支的资料与此略有差别，"学费：修金三圆；宿费一院五十钱；膳费不定，通常六圆；煤油费一圆"。如果这是每一个月的开支，那么总额是 11.5 圆，接近于《东京同文书院章程》中的 12 圆。实藤没有交代资料来源，也没有确定是否是每月还是每年的开支。［日］实藤惠秀：《中国人留学日本史》，三联书店 1983 年版，第 46 页。

④ 有些回忆弘文书院记作"宏"文书院，是因为清末留学生中，仍然有避讳（清高宗弘历）的习惯。

⑤ 1902 年横滨出版的《新民丛报》对此有追踪报道。关于此案的情由和解决，可参看赵建民《吴汝纶赴日考察与中国学制近代化》，《档案与史学》1999 年第 5 期。

美和东亚同文书院副院长柏原文太郎出面斡旋，最终由日本外务省为此提出"连名学校"的建议，即东京同文书院、宏文学院和清华学校，其中一所学校为清国留学生向外务省作出担保，外务省方可批准该学生升入文部省直辖国立学校。① 于是，东京同文书院成为与嘉纳治五郎的弘文学校、梁启超的清华学校（前身为东京大同学校）齐名的留学生预备学校。

1902 年入学的学生之中，有一位重要的革命家，即自称"革命军中马前卒"的邹容，他在入学同文书院以后，很快就参与到革命团体之中，在宣传活动之余动笔写作，着手编写开启革命时代的重要著作——《革命军》②。

1903 年 7 月，举行了第 1 期毕业生的毕业仪式，留日学生总监督汪大燮前往祝贺。毕业生中刘崇杰和陆宗舆都进入早稻田大学，此后两人分别担任过民国政府外交部次长和驻日本公使的重要职务，陆宗舆甚至一度主持北洋政府内阁，他也是"五四"运动所反对的三个误国官僚之一。

表 1-2　　　　　东京同文书院毕业生人数及生源分布

时间	在校人数	毕业人数	生源地域	人数	比重（％）
1901—1903	117（1903）	49	广东	176	20.56
1904	132	21	湖北	128	14.95
1905	—	31	浙江	118	13.79
1906	—	28	江西	56	6.54
1907	—	48	湖南	50	5.84
1908	—	114	四川	48	5.61
1909	—	61	云南	43	5.02
1910	120	91	广西	33	3.86
1911	50	75	安徽	30	3.50
1912		33	直隶	23	2.69
1913	392	143	山东	19	2.22

---

① ［日］实藤惠秀：《中国人留学日本史》，北京：三联书店 1983 年版，第 375 页。
② 王晓秋：《近代中日文化交流史》，中华书局 1992 年版，第 492 页。

续表

时间	在校人数	毕业人数	生源地域	人数	比重（%）
1914	350	52	奉天	18	2.10
1915	32	39	贵州	15	1.75
1916	17	12	吉林	12	1.40
1917	20	10	江苏	39	4.56
1918	—	0	福建	38	4.44
1919	36	45	河南	5	0.58
1920	22	7	陕西	5	0.58
1921	21	10	共计	856	100
1922	不到十名	5	西南四省合计	256	29.91
共计	近3000名	874	沿长江七省合计	459	53.62

资料来源：《东亚同文会会则并事业提要》、《外务省对华文化事业部调查书》、《东亚同文会史·东京同文书院》（有所整理、纠正）。

1908年，东京同文书院副院长柏原文太郎向清廷提出促进留学日本计划，清政府同意十年共计支出200万两白银支持这个计划，日本国会也批准了相应提供30万日元补助的提案。这迅速促使中国教育风气为之一变，前往日本留学成为中国学子一时之首选。1908年左右出国求学的学生，到1910年返回中国参加毕业留学生奖励考试的人数猛增至560人，1911年为526人；而此前1909年只有285人，1908年只有127人，1907年只有42人，1906年43人，1905年第一届考试时仅仅14人。[①]

1915年是中国留日大潮转折的开始，这一年，在早稻田大学的留学生李大钊发起之下，大批留学生提前回国，东京同文书院在校人数邃减到32人；1919年，"五四"运动爆发，大批中国留学生勇敢地发动示威游行，被拘捕、处罚者不计其数，再次引发提前归国浪潮，书院在校人数仅存36人。

1899—1922年，东京同文书院办学24年，一共招收学生近3000名，共有874人毕业，具体而言：

---

① 黄福庆：《清末的留日政策》，收入《中研院近代史研究所集刊》，第2集，1971年。

从表 1-2 的在校生和毕业生人数，可以看出东京同文书院的规模，随着东亚局势的变化而波动。在校人数一度达到 392 名的最高纪录，这是在 1913 年，而 1915 年的"二十一条"①、1919 年的"五四运动"，中国与日本的关系逐步恶化，大批留学生提前归国，东京同文书院的繁盛景象一去不返，学生毕业人数急剧减少，最终少到只有几名。1922 年 10 月，东亚同文会宣布关闭东京同文书院，书院及附属中学被柏原文太郎个人收购，作为原设置于东京同文书院中的目白中等学校的校舍②，完全由柏原氏个人经营。

第二节 东亚同文书院成立前日本人在华调查机构的创设

"大自然就通过相互的自利而把它们（各个民族——笔者注）结合在一起。那就是与战争无法共处的商业精神，并且它迟早会支配每一个民族。因为在从属于国家权力的一切势力（手段）之中，很可能金钱势力才是最可靠的势力。"③清末民初时期，日本正式希望借助商业往来加强与中国的关系，开设了一系列与之相关的企业或机构。

东亚同文书院的建立，最终得力于东亚同文会。但在此前，岸田吟香在上海开设的"乐善堂"，荒尾精在汉口开设的"乐善堂分号"，荒尾精和根津一在上海开设的日清贸易研究所，等等，都给这所大学的创立提供了经验，提供了人员上的准备。

一 岸田吟香的"乐善堂"

1864 年，岸田吟香结识了美国传教士赫本（Hepburn）。赫本在日本文化交通史上是一个很重要的人物，尤以 1867 年出版的《和英语林集

---

① 1915 年的"二十一条"影响实在太大，以至于 1916 年没有华人入学，相应的 1918 年毕业人数为零。

② 次年（1923 年），目白中学校迁至东京板桥区练马；1932 年再迁至杉并区。柏原文太郎一直经营该学校。[日] 东亚同文会：《续对支回顾录·列传·柏原文太郎》下卷，东京：原书房 1973 年版，第 670 页。

③ [德] 康德：《永久和平论》，收入 [德] 康德《历史理性批判文集》，何兆武译，商务印书馆 1997 年版，第 127 页。

成》闻名，他一边传教，一边行医，甚至被誉为名医，他还参与了《新约全书》日文版的翻译①。岸田吟香协助赫本编纂日英字典，学习英文。

1866年，岸田吟香第一次来到中国，在上海待了九个月②；1868年，第二次来到上海。在此期间，与中国文人学者的来往③使他充分认识到，要了解中国，必须通过专门的调查机关才能实现。

明治五年（1872年），岸田吟香担任《东京日日新闻》（《每日新闻》的前身）的记者，成绩显著，与成岛柳北④、福地樱痴和石井南桥号称该社的"四大记者"。两年后，日本以琉球船民被杀为借口，派兵侵台，岸田吟香作为最早的随军记者目睹了这一次侵略行动。

1877年，岸田吟香从报社辞职，在东京银座开设药店，即"乐寿堂"药铺。因为十年前，为了报答岸田吟香在编辑《和英语林集成》时的贡献，赫本将自己研制的眼药水配方传授给了岸田吟香⑤，乐寿堂主营的就是这种眼药水——称为"精锜水"。1878年，岸田吟香把这种眼药水带到了中国，并以销售此为谋生手段，在上海的英国租借，开办了乐善堂药店上海支店。不久，又经营印刷厂，并且采用铜版小字印制诸子百家典籍的袖珍本而大受读者欢迎。

这个时期，西方列强势力正蜂拥潮涌地侵入中国，岸田吟香因此也感受到日本面临的危机，不论中国将来作为盟友，还是作为日本侵略的对象，对于日本而言，都是至关重要的。因此，岸田吟香非常重视日本年轻

---

① ［日］稻冈胜：《初期商务印书馆的源流——美华书馆、修文书馆、岸田吟香、金港堂》，《出版与印刷》1994年第2期。但是，在随后的论证中，稻冈胜竟然误以为赫本是岸田吟香的助手，完全与事实相反。

② 陈捷根据掌握的材料认为岸田吟香1866年9月到1867年5月，在上海居住长达九个月的原因是因为帮助赫本（陈捷译为平文，有可能是James Curtis Hepburn的日文名字）校对印刷《和英语林集成》。陈捷：《岸田吟香的乐善堂在中国的图书出版和贩卖活动》，《中国典籍与文化》2005年第3期；宋元放：《乐善堂书局和岸田吟香》，《出版史料》2004年第1期。

③ 比如和俞越的往来，参见［日］德田武《俞樾与日本文人》，《杭州师范学院学报》（社会科学版）1996年第1期。

④ 成岛柳北出身于幕府儒臣，以汉诗、汉文、杂文名世，明治时期"五诗宗"之一。有关成岛柳北的学术成就，可参看高文汉《孤忠铸诗魂绮语缀华章——评日本近代汉文学家成岛柳北》，《日语学习与研究》2006年第1期。

⑤ 陈捷：《岸田吟香的乐善堂在中国的图书出版和贩卖活动》，《中国典籍与文化》2005年第3期。

人来中国实地调查，了解情况。在他看来，把中国的情况广泛地介绍到日本去，加深日本朝野对中国的认识，是首要任务。可是此时的日本政府因为忽视中国问题，也没有多余的资金人力来进行大规模的海外调查，岸田吟香的想法没有能够成为现实。但是，乐善堂药店上海支店作为日本人来华，尤其是情报机关提供了很多方便。

二 荒尾精在汉口开设的"乐善堂分号"

把零散在中国各地的情报收集工作整合为一个专门的机构，这是在荒尾精的努力下实现的。岸田吟香是一个商人，同时热衷于日本对中国的全面了解，但是比岸田吟香年轻二十多岁的职业情报家荒尾精完全继承了岸田吟香在谍报方面的设想，并且付诸实行。荒尾精能力超群，不仅获得参谋次长川上操六少将的青睐，甚至玄洋社①的首脑头山满称其为西乡隆盛之后的"一大人杰"。1886年，28岁的荒尾精第一次来到中国，38岁时，即1896年因患鼠疫去世②，临死前还在长叹"东洋"。荒尾精在中国的活动虽然只有短短的十年，但是对于日本在华情报事业的早期发展，贡献最大；在他之后的整整一代日本在华情报人员，或者是他的同事，而更大多数则是他的学生。

荒尾精把日本在华的情报人员整合成为一个高效的组织，并且在这个机构中处于首脑的地位，参与其中的宗方小太郎、井手三郎③、中西正树、浦敬一④、石川伍一等三十多人都是日本近代对华情报工作的重要人

---

① 玄洋社成立于1881年12月，原来是西南战争失败的九州武士组成的民间团体，以"敬戴皇室，爱重本国和固守人民权利"作为社团宗旨。后逐渐将重心由国内的自由民权运动转移到对外事务中，是"大亚洲主义"的发起组织。

② 戚其章：《论荒尾精》，《贵州社会科学》1986年第12期。作者将荒尾精向参谋本部提交复命书的时间误为1899年，应为1889年；又将荒尾精去世时的年龄按虚岁计算为39岁。

③ 吴绳海、冯正宝提出正是宗方小太郎、井手三郎商议提出建立东亚同文书院的。吴绳海、冯正宝：《中日近代关系史中值得注意的人物——宗方小太郎》，《史学研究》1985年第2期。虽然井手三郎当时任东亚同文会上海支部长，但是东亚同文书院最早并非设立在上海，而是在南京，二位作者没有提出史料佐证；另外，作者将成立学校计划的支持者贵族院议长近卫笃麿误为其子近卫文麿，并称其为首相，实际上近卫文麿担任首相的时间已经是1937年6月。

④ 长崎人，本来相信"日支提携"能够防御欧洲侵略，以确保东亚和平。后深受副岛种臣的影响，改变了原先的主张，对华态度急转直下，认为："支那诚中原逐鹿之地，疾足多力者得之……早一日确立略取支那之策，以免日本卧榻之旁闻他人鼾声。"［日］黑龙会编：《东亚先觉志士记传》上卷，原书房1966年版，第91页。

物。他们之所以能胜任，主要因为"能文能武，大多擅长作汉诗，极易赢得中国士大夫的认同"①。

首先，在岸田吟香的支持下，荒尾精成立了汉口乐善堂，作为一个掩护机构。1888年，由于俄国在中国北方的势力加剧，日本感到自己预想的势力范围受到威胁，因此，特别强调防止白人侵略，以及"亚洲人合作，亚洲的复兴"观点。为此，荒尾精为首的汉口乐善堂制定了四条行动方针：

1. 对于俄国西伯利亚铁路在清国的势力，要予以遏制；
2. 清国腐败，敌视日本，不理解"共同防卫"的大义。我们需要帮助汉民族及其革命运动，在以后的十年中断然进行中国改造，期望实现中日合作；
3. 为了东亚事务的准备需要培养一批人才，为此要在上海设立学校；
4. 为了防止俄国向东继续扩张势力，浦敬一前往新疆伊犁，敦促新疆巡抚刘锦棠发兵。②

在关注北方俄国举动的同时，乐善堂也有一些人开始把目光转向全中国。这是福冈人山崎羔三郎寄给日本国内兄长的一封信：

> 为了完成我们同志的事业，我认定第一个目标在于得到根据地。然而，得到根据地即割据地实在困难，中国的天地虽然广阔，而得之亦甚难。但若能周游其边境政化不开之地，注意调查，亦非没有便于利用的土地肥沃而风土良好的地方……方今经常思虑之事，是必须赶快压服腐败的清廷……北方虽土地肥沃，便于随机应变，但那里是今清廷肇兴之地，政化与军机即相当机密，所以潜入其地建设根据地亦甚困难。因此，我确信那里不如南方安全，故拟在来年北行之前，先

---

① 廖梅：《汪康年：从民权论到文化保守主义》，上海古籍出版社2001年版，第159页。
② 何民：《别有用心的"研究"——看〈东亚同文书院 大旅行研究〉》，《博览群书》2001年第12期，原文将"新疆巡抚"误为"伊犁将军"；[日]大学史编纂委员会：《东亚同文书院大学史》，东京：社团法人沪友会1982年版，第16页，原文将"新疆巡抚"误为"伊犁总督"。

周游南方窥其地势，考察其地利。现已准备就绪，决心来年中孤剑飘然飞游于南边。①

山崎羔三郎徒步穿行内地十八行省中的大部分，后来在甲午战争中，在金州城从事谍报工作被抓获处死。而他在汉口乐善堂的同事，有人绕行四川全省后进入西藏；有人从巴蜀进入云南、贵州；还有借道西北进入西藏，再游历四川的。从地理方位而言，汉口乐善堂的关注远远不止于北方一隅了。

此后，汉口乐善堂相继在北京建立了积善堂支部，在重庆、长沙建立乐善堂支部，宗方小太郎、高桥谦、山内嵓等人分别担任支部长，后来还在天津也设立了积善堂分部、在福州设立了乐善堂分部。乐善堂整个组织虽然关注于俄国在中国北部，尤其是满洲、蒙古和新疆的势力范围，但是，对于日本在中国的利益也直接进行了谋划。比如，宗方小太郎是汉口乐善堂北京支部的支部长，同时也是玄洋社社员。在中日甲午战争中，他所提供的有关威海卫北洋水师的情报大为便利了日军的军事行动，为此，正在广岛大本营的明治天皇接见他以示嘉奖，"时宗方刚从前方回来，连衣服都没有来得及换，就穿着化妆侦查时的中国人服饰接受了天皇的召见，这对于大陆浪人来说，是'至高无上'的殊荣"。②

三 日清贸易研究所的建立

真正作为研究、教育机构在中国出现的，是1890年，荒尾精和根津一开设的"日清贸易研究所"。

此前的1884年，以末广重恭为馆长，有玄洋社的积极支持③，在新井毫、宇都宫平一、大内义映、山本忠礼的实际参与下，成立了以研究东洋

---

① [日]葛生能久：《东亚先觉志士记传》上卷，第374—376页，转引自[日]升味准之辅《日本政治史》第二册，董果良译，商务印书馆1997年版，第287页。

② 王希亮：《日本浪人与中国》，载关捷主编《影响近代中日关系的若干人物》，社会科学文献出版社2006年版，第14页。

③ 戚其章：《日本大亚细亚主义探析——兼与盛邦和先生商榷》，《历史研究》2004年第3期。

问题为目的的东洋学馆①，招收日本留华学生以培养有关研究中国的青年人才。日本《朝野新闻》介绍这个学校："此学馆在上海设立的目的决不是造就普通的学者，而是教授汉语、英语，熟练地进行东洋贸易，培养实业家，争取最大的国家利益。支那和日本关系重大，有无尽财源的大国，是日本国获取利益的最好的市场。从事这些，就要通汉语和东洋贸易以及必要的英语。"

可是，宇都宫平一担任校长不到一年，"甚至出卖他所携带的衣被书籍等物"，仍然难以缓解经费不足的问题，"据说，它的善后还靠大隈重信的出资，才得解散。"② 其中不少人继续热衷于中国问题，例如山内嵩、荒贺直顺、中野雄五郎，等等。

1889 年 4 月，荒尾精回到日本，向参谋本部提交了 26000 字的报告书，即影响重大的《复命书》。在这份报告书中，荒尾精首先谈了清国的现状，包括内政、外交、领导人物、军事等各方面的翔实情况；然后又介绍了欧美各国对华态度和主张；最后，他的结论是：要使东亚大局获得磐石之安的首要手段，为中日两国的经济提携，尤其是积储能够同欧美列强相颉颃的实力为急务。要达到这一目的，先决条件，是培养能够担任中日贸易实际事物的人才。③

因此，荒尾精建议在上海建立日清贸易研究所，并以此为号召，在日本国内游说，鼓励普通日本百姓关心东亚问题，放眼世界局势。较之当年岸田吟香的计划，此时上海国际性的增强，"作为日本扩张到大陆的'基

---

① [日] 东亚同文会编：《对华回顾录》，胡锡年译，商务印书馆 1959 年版，第 482 页。盛邦和先生认为东洋学馆是日人为了向清国输出文明的目的，参见盛邦和《19 世纪与 20 世纪之交的日本亚洲主义》，《历史研究》2000 年第 3 期。玄洋社的目的更是直接希望发动革命，玄洋社首脑头山满派遣平冈浩太郎、樽井藤吉、杉田定一、宗像正、中江笃介、日下部正、末广重恭在内的一批"兴亚"论者，共七人来到上海选择馆址，因为"上海是东洋第一重要的港口，在此创设学校极其有利于培养青年，通晓中国语言和国情，对于将来日本经营大陆至关必要"。成立东洋学馆，末广重恭担任院长，都在考虑未来将"唤起风云骤起于大陆"，平冈浩太郎直接提出"清国政府已经腐败透顶，欲将其颠覆则若摧枯拉朽，有吾辈七人足矣。"[日] 黑龙会编：《东亚先觉志士记传》上卷，东京：原书房 1966 年版，第 318 页；部分内容参见戚其章《日本大亚细亚主义探析——兼与盛邦和先生商榷》，《历史研究》2004 年第 3 期。

② [日] 东亚同文会编：《对华回顾录》，胡锡年译，商务印书馆 1959 年版，第 482 页。

③ 同上书，第 483 页。

地'的色彩变得浓厚起来"①。

黑田清隆首相、松方正义藏相、岩村通俊农商相对于荒尾精的建议都表示赞同，并且许诺予以政府资助。② 岩村通俊农商相还多方筹集资金，尤其是许诺从北海道的山林开采费用中支出10万日元。

此后的一年，荒尾精在日本全国巡回演讲，把东洋问题作为研究的主要对象。1890年4月，荒尾精在东京举行了日清贸易研究所的选拔考试，演讲收到了一点成绩：报名者达300多人，最后挑选了150人。石川和福冈县愿意派遣公费生，最后录取了十余名；其他130多名都是自费留学中国的学生，这些人正是受到了荒尾精演讲的影响。

就在150名学生到了东京集合，准备出发的时候，出现一个意外的问题。黑田清隆首相、松方正义藏相、岩村通俊农商相都表示过资助日清贸易研究所，但是1889年10月，黑田政府已经倒台，在位的只有岩村通俊，恰好此时又病倒不能视事而辞职，他还指出北海道山林开采费也因为违反制度也不能使用，这当然也能佐证当初政治首脑允诺拨款的言不由衷。

荒尾精在如此困窘的情况下，只好去找他以前的上司、参谋次长川上操六，没想到却得到川上倾力相助。首先川上推荐荒尾获得4万元的内阁机密费③，万万没有想到的是，川上竟然抵押自家的房产，得到数千日元，全数援助荒尾精。

1890年9月3日，在荒尾精的率领下，由150名学生、研究所聘用老师，以及日清贸易商会的五个科室的雇员共计近200人从横滨出发，沿日本本岛航行，7日，在长崎告别母国。9日抵达上海吴淞口，改乘小汽船逆黄浦江而上，一个多小时以后，抵达上海邮政码头。

---

① 刘建辉：《魔都上海——日本知识人的"近代"体验》，甘慧杰译，上海古籍出版社2003年版，第10页。

② 1889年的日本政府，正值多事之秋，先是复兴自由民权的大同团结运动，然后又是大隈重信的条约修改案，该年10月18日，玄洋社暗杀大隈未果（但炸掉一条腿），黑田政府被迫总辞职。所以，黑田政府支持荒尾精的计划，当然有利用国际局势转移国内注意力的目的。

③ 所谓"内阁机密费"，是日本政府预算中一笔由内阁自由支配的专用资金，官房长官可以灵活调用。表面上，此项费用主要用于日本情报机构内阁情报调查室的业务支出和首相官邸的交际费用，但"对于某些危害国家安全、损害日本与其他国家或国际机构关系的信息可以拒绝对外公开"，因此，根据有关日本政党史的介绍，屡次发生相关"内阁机密费"贪污的争议。

200多人到上海的第一件事情,就是拜访日本驻上海领事馆。8月份刚刚就任领事的鹤原定吉在欢迎仪式上,介绍了研究所的位置,即领事馆至英大马路以北,学西路以西的忆金里,归研究所使用。将此间的十座民宅改造为三栋房屋,一栋作为学生宿舍:楼下是寝室,楼上是自习室;一栋作为教师公寓;还有一栋是教学楼:楼上为三间教室,楼下分别是客厅、学生俱乐部、柔道场。

除了分作三个班的150多名学生,教师的阵容也相当可观。其中还有汉口乐善堂的一些成员,如宗方小太郎不仅讲授课程《沿革史》,同时也是第一班的班主任。日本籍老师大概20名左右,另有中国籍老师一名,沈文藻;英国籍老师一名。教授汉语的是御幡雅文,他曾经留学中国[①],被誉为"当时中国语的二巨头"之一,与驻北京公使馆的郑永邦在日本汉语学界号称"北郑南御幡"。1879年日本陆军参谋本部派御幡雅文到中国学习北京官话,是近代最早的一批前往中国学习的日本人,归国后在熊本镇台(陆军军营)教荒尾精等人学习中国语,因此成为日清贸易研究所的核心教员。御幡雅文编有《华语跬步》、《沪语便商》(中译本名为《沪语便商意解》)。[②]

---

① 1879年参谋本部一次派遣14人留学北京,这14人分别为川上彦六、杉山昌矢、柴田晃、御幡雅文、关口长之、大泽茂、谷信敬、平岩道知、濑户晋、原田政德、沼田正宣、末吉保马、草场谨三郎、富地近思。14名学生不是军人身份,而是从东京外国语学校汉语专业中选择出来的"清国语学生"。派遣文职的汉语学生,则是鉴于中日两国交涉摩擦增多,大规模武装冲突势必爆发,须为在军队中大批培训汉语人才准备师资。这批人回国后,即在各地镇台及士官学校教授汉语,虽系文职,目的仍然在于军事行动。在华期间,他们有的一面学习汉语口语时文,一面在使领馆武官以及驻华日军将校的辖制下,从事情报收集等间谍活动。有的甚至只是以留学生的名义为掩护,纯粹进行谍报工作。如河野主一郎在华仅一年时间,奉军令部之命,到宁波、厦门、香港、广东、上海、芝罘、天津、北京、大沽、山海关、牛庄、旅顺等要地调查军队部署、炮台等设施及风俗民情,将见闻详细记录后报告军令部,即完成使命。山口五郎太还化名苏亮明,着中国服装,到处刺探军情,积极参与所谓福州组的搅乱中国策,并鼓动开办东洋学馆,培育大陆经营人才。桑兵:《国学与汉学——近代中外学界交往录》,浙江人民出版社1999年版,第254页。卢燕丽则认为是"明治十二年(1879年)日本陆军参谋本部派遣16名军官到中国学习北京话"(《明治维新至二战结束日本以军事为目的的中国语学习》,《军事历史研究》2003年第2期)。六角恒广所统计的也是16名,但是其中只有12人是东京外国语学校的,川上彦六、杉山昌矢不在学生名录之中。[日]六角恒广:《日本近代汉语名师传》,王顺洪编译,北京大学出版社2002年版,第78页。

② [日]六角恒广:《日本近代汉语名师传》,王顺洪编译,北京大学出版社2002年版;卢燕丽:《明治维新至二战结束日本以军事为目的的中国语学习》,《军事历史研究》2003年第2期。

经过一个多星期的准备，9月20日，举行了研究所开所式。最让人意外的是，日本皇室华顶宫博恭王的参加。华顶宫是前往欧洲留学而途经上海时，被邀请参加开所仪式。对于这个规模相对较小的研究机构而言，皇族的参加，是值得大书特书的一笔。

荒尾精在研究所开所仪式上的讲话，也是他即将告别大陆舞台的感言。一方面，他仍然强调商业富强对于日本的重要性，另一方面，他也循循善诱：狭小岛国的"池鱼"，转到如同汪洋大海的（中国）大陆，大有作为。① 天真的青年在这番"广阔天地大有作为"的鼓励中，展开了对于这片邻近大陆形形色色的幻想。

四 日清贸易研究所的惨淡经营

对于学生的具体教学内容，日清贸易研究所制定了严格的授课规划（参见表1-3）。此外，还制定了15条《学生须知（心得）》，44条《寄宿宿舍规则》。在《学生须知》中，特别强调学生的举止行为关系到将来与清国的友好关系，尤其是直接影响贸易往来，要求学生注重友好言行。

表1-3　　　　　　日清贸易研究所学生第一年学科预定表

期限	科目	清语学	英语学	商业地理	支那商业史	簿记学	和汉文学	作文	商业算	经济学	法律学	习字	商务实习	临时讲义	柔术	体操	合计
前半季学期	一周时间	12	6	3	3	2	1	2	3				1		1	6	40
	前期	会话口授	拼音朗读会话口授	亚细亚部	太中古部	单式	读书轮讲	通信文、记事文	和算				楷书		贸易心得	古式	兵式	
	一周时间	12	6	3	3	2	1	2	3				1	3	1	6		43
	后期	同上	同上习字	同上	同上	同上	同上	同上	同上				同上	度量使用贸易品研究	同上	同上		

---

① ［日］荒尾精：《教育の精神》，部分收入《东亚同文书院大学史》（［日］大学史编纂委员会，社团法人沪友会1982年版，第30页）。

续表

期限	科目	清语学	英语学	商业地理	支那商业史	簿记学	和汉文学	作文	商业算	经济学	法律学	习字	商务实习	临时讲义	柔术	体操	合计
后半季学期	一周时间	12	6	3	3	2	1	1	2			1	6	1		6	44
	前期	同上	会话习字	支那部	中世部	同上	同上	报告文、契约文	洋算			同上	贸易品研究商业方法	同上		同上	
	一周时间	12	6	3	3	2	1	1	2	1	1	1	8			6	48
	后期	同上		同上	同上	同上	同上	同上		经济原论、贸易论	法律原理、日本商法	行书	研究所实习商会实习	同上		同上	

资料来源：〔日〕大学史编纂委员会编：《东亚同文书院大学史》，社团法人沪友会1982年版，第31页。

1890年11月，也就是日清贸易研究所成立两个月以后，根津一被任命为代理所长。本来根津一来中国的目的与日清贸易研究所并没有关系，时间大概在1890年7月，主要是解决汉口乐善堂的危机：根据日本驻汉口领事5月的一份电报，乐善堂有一部分成员，参加了计划攻陷武昌的农民暴动准备，结果这份电报被披露，外务省十分狼狈，和参谋本部共同决定派出根津一前往善后。

根津一和荒尾精同在陆军教导团学习过。根津一只比荒尾精小一岁，但是，从思想系谱来看，根津一是荒尾精的学生。荒尾精向往去中国为日本建功立业的热情广为人知，他的教官曾经问他："别人都想往欧美留学，你怎么希望去落后的中国呢？"荒尾精回答："大家都醉心于欧美，没有人考虑中国，所以我要去中国。"就这样影响根津一至深，以至于根津一在陆军举办的《月曜会杂志》上撰文《论前往欧美者的愚昧》。1886年，荒尾精首次去中国时，就学于陆军大学的根津一前往送行，荒尾精还鼓励他："我先去中国，你在大学学习高等战略，学成以后再去中国。"1890年，日清贸易研究所因为资金窘迫，荒尾精回国寻找资助，在给学生的信中坦言："（根津一）是我事业上的兄弟，是我无二的亲友。"就是1895年根津一结婚，也要多谢荒尾的媒妁之言，两人关系可见一斑。

根津一早在1879年进入陆军教导团士官学校，每逢休息日，就和荒尾精、花田仲之助①、明石元二郎②、宇都宫太郎③等一起在东京闹市区的市ヶ谷的谷中家讨论东北亚局势问题，尤其是对清、对俄策略。1888年前后，根津一无意中接触到俄国副总参谋长布莱祖斯基（ブレジュスキー）的作品《支那攻略论》，从此下定决心，把对华事务作为自己的终身志向。④

根津一接任所长的原因，主要是因为荒尾精需要回国谋求资金援助。根据研究所成立之前日本政府的承诺，每年应该向研究所支付1万日元，这在当时是一笔较大的资金来源。但是1890年日本帝国议会第一次大选以后，政府与自由党、改进党关于财政预算政策的冲突很严重，担任议会预算委员长的大江卓因为反对民党甚至险遭暗杀。日本著名政治家原敬在回忆这个时期的政治危机的日记中记载："近来壮士（指刺客——笔者注）等使议员们大伤脑筋，软弱的议员不敢回家，和衣睡在议院里。还有一些议员，在往来的途中由手下的壮士（保镖——笔者注）或巡查护卫。身居领导地位的议员都配有两三名巡查跟在身边，以致不得不发布保守条

---

① 花田仲之助就是日俄战争期间在俄军后方制造混乱、收集情报而闻名的"花大人"。花田一度化名"清水松月"，冒充僧人，主持京都西本愿寺符拉迪沃斯托克分院。1904年，再度潜入东北，在辽南碱场建立据点，收买当地团练、土匪，成立"满洲义军"，一度攻陷通化，歼灭两个哥萨克骑兵中队（参见王希亮《近代西伯利亚和远东地区日本谍报活动述评》，《西伯利亚研究》2003年第2期）。1899年退役，1901年组织"报德会"，主张推进日本社会的教化，与军国主义的传播亦有极深的关系（参见［日］宗近实平编、奥泉荣三郎监修解说《报德会三十五年史》，复刻本，文生书院2002年版）。

② 日本福冈县人。参加日俄战争，历任日本驻法国、俄国公使馆、驻德国大使馆武官，在任驻俄公使馆武官期间，为了日本利益的需要，曾经与列宁接触，策划俄国政治、社会动荡。此后担任朝鲜驻军参谋长、朝鲜总督府警务长官，台湾日据时期第7任总督，首任台湾军司令官。任内创立台湾电力株式会社，是日据时代台湾最大规模的电力建设——日月潭水力发电计划的决策者。部分内容可参见潘则庆《毙命中国的侵华日军高级将领——9名毙命中国的日军大将》，《文史春秋》2006年第4期。

③ 宇都宫太郎来中国收集军事情报的任务完成以后，任职于日军参谋本部，后升至大将。其日记相当珍贵，涉及中国近代政治事件非常之多。孔祥吉先生从其明治三十三年（1900年）的《当用日记》中，就庚子年宇都宫与张之洞密谋有过论证和探讨，见孔祥吉《张之洞在庚子年的帝王梦——以宇都宫太郎的日记为线索》，《学术月刊》2005年第8期。

④ 参见［日］东亚同文书院沪友同窗会编《山洲根津先生传》，东京：大空社1997年版；［日］宗像金吾编《东亚的先觉者山洲根津先生并夫人》，哈尔滨（无出版社，爱知大学图书馆藏），1943年。

令（指 1891 年 1 月 13 日颁布的保安条例，命令 54 人在议会开会期间离开东京，不得进入皇宫 12 公里以内的范围——笔者注）。"① 结果，政府与议会妥协，大幅削减开支，日清贸易研究所的 4 万日元许诺不了了之，而每年的 1 万日元也岌岌可危，这也是研究所难以为继最主要的原因。

新年到来之际，资金困难的消息在研究所上下逐渐传开。为了迎接第一个在异乡的春节，研究所决定从三井洋行筹资，购买了一些过节物资，度过了一个"盛大的新年嘉会"。但是根本的情况仍然不容乐观，学生中也开始分化为两派，一派被称为"自重派"，认为来中国就是为了吃苦，为了把日本精神展现给世界其他国家在华侨民，如果因为资金困难就不能坚持努力学习，必然为世界其他国家所笑话，而且也得不到锻炼的机会。另一派被称为"不平派"，他们认为所长（荒尾精）未能在来之前筹划妥当，耽误学生的前途，如果真的为世界各国所耻笑，也应该由所长来承担。双方各持己见，事态竟发展到迫使荒尾精从日本赶回上海，三十多人退学回日本而告终。为了节省开支，日清贸易商会停办，研究所裁员，学校从上海市内迁往郊外跑马场附近的涌泉路。

日清贸易研究所面临的困难还不止于此。日本学生到中国之初，就出现了因为水土不服，痢疾、热病一时竟在校内流行。严重的时候，全所患病人数竟在 200 人以上，学校停课，人手不够，代理所长根津一只好亲自看护学生，所需高额医疗费用只能由研究所支付，这又无疑加重了研究所的财政负担。

日清贸易研究所存在的时间虽然不长，但是毕竟在上海与西方国家侨民一起生活，也发生了一些摩擦。教案不断是 19 世纪末期中西关系的一个重要症结，加之此间哥老会势力影响到上海，经常有传言会匪入侵上海。各国虽然在上海都有军事设备和人员，尤其是军舰的保护，但是侨民仍然深恐不安，一时间妇人儿童在公园散步的情形为之一空。驻扎上海的各国领事团决定成立防止匪情的"义勇队"，多次劝诱研究所的学生参加。研究所的年轻学生对于哥老会进攻上海的传闻毫不相信，和平时一样重在学习语言和商业研究，荒尾精甚至当面责备那些要求学生加入义勇军的人。研究所因此遭到非议，甚至在西方人主办的报纸上对此也多有攻

---

① ［日］升味准之辅：《日本政治史》第二册，董果良译，商务印书馆 1997 年版，第 268 页。

击。鹤原定吉作为日本的领事代表，决然不能置身事外，只好亲自苦劝荒尾精同意加入"义勇队"，荒尾一方面感言"千金学生来华学习值千金"①，同时向"义勇队"队长写信：保证在哥老会威胁上海的时候，一定予以道义支持，并且首先保护妇女儿童的安全，以尽居住此间的义务。由于哥老会进攻上海的传言实在过于离奇，自然不可能发生，因此"义勇队"以及驻扎上海各国领事团得到保证以后也就罢休了。但是，日清贸易研究所反对"义勇队"之举大大改善了上海中国居民对于研究所的态度，此事传开以后，多有称赞，实质上，为研究所的学员更深入的中国实地调查提供了不少方便。

日清贸易研究所只招取了一届学生，此后再也没有新的招生。1893年8月，89名学生获得毕业证书；与此同时，根津一宣布日清贸易研究所关闭。

日清贸易研究所下设的商品陈列所，在研究所关闭以后，还独立经营了一段时间，约40名毕业学生在此继续实习。商品陈列所成立于1893年春，中文又称作"瀛华广懋馆"②，不仅是为了研究所的毕业生实习，也考虑到将来日本国内商业学校毕业的学生，有志于中日商业贸易的需要而设立结合实习和实际业务的机构。③ 实习生自己经营管理，分为税关科、货物科、买卖科、调查科、会计科和总务科六个科室。

1894年，甲午中日战争爆发，陈列所在沪经营难以为继④，8月下旬，在御幡雅文的带领下，全部返回日本，日清贸易研究所及其附属机构暂别中国"大舞台"。

五 日清贸易研究所的成绩和影响

日清贸易研究所对于日本人认识中国，最显著的成绩是编撰了《清国

---

① ［日］沪友会：《东亚同文书院大学史》，沪友会1955年版，第13页。

② 日清贸易陈列所的成立也得力于日韩贸易商社，它在华的合作机构"日华洋行"（即"日清商品买卖取引所"），是和大阪、神户、横滨、长崎和函馆的"日韩贸易商会"有从属关系的机构。

③ 1892年4月成立的"日华洋行"，也有为研究所的学生提供实习的机会。［日］高纲博文、陈祖恩：《上海日本人居留民关系年表（明治编）》，《史林》1995年第1期。

④ 中日甲午战争爆发以后，陈列所被交付一个英国人看管，1895年《马关条约》签订以后，实习生土井伊八收回陈列所的设施，并恢复营业，后更名为"瀛华洋行"。

第一章 东亚同文书院的筹建准备

通商总览》,"作为早期的调查资料,具有相当的价值"。①

这部书的出版,是汉口乐善堂和日清贸易研究所长时间对中国经济情报搜集的共同结果。汉口乐善堂的成员有针对性地在中国各地旅行,进行了大量的实地考察,不仅覆盖腹地十八行省,而且对于中国边疆,如西藏、青海等地,也都有足迹所至(详见第二节的论证)。调查的对象包括中国的经济布局,也涵括了风土人情、乡情民俗,可以说,这是向当时的日本展现的"最为生动的"中国。

根津一主持了该书的编写,于此花费了相当大的精力。最终成书分为两编,第一编共七节,包括地理、政治、财政、经济、交通运输、金融、贸易以及商业组织、商业习惯、前往中国的船渡、内地旅行等内容和亲历者的心得体会;第二编包括工艺品、物产。事无巨细,皆有所涉及。《清国通商总览》也影响甚至决定了东亚同文书院编写报告材料的方法,在《中国经济全书》诞生以前,是日本对华调查规模最大的、涉及内容最多的综合性著作。

1894 年,中日甲午战争爆发。开战以后,日军发现军队中懂得中文的人太少,大本营(参谋本部)立即电令根津一召回研究所的有关人员,担任作战和机要工作。根津一找到荒尾精商量,把在东京的研究所毕业生和日清贸易商会的职员都召集起来②,询问是否愿意从军效力,结果,有72 名毕业生、19 名职员,以翻译官的身份从军,其中 9 人在战争中身亡,年龄最大的 31 岁,最小的只有 24 岁。③

因此,学生的去处与荒尾精预想的大相径庭,研究所解散以后,"继承荒尾遗志在中国从商的人仅有两三个,多数人是在中日战争中从军当了

---

① 陈锋:《清末民国年间日本对华调查报告中的财政与经济资料》,《近代史研究》2004 年第 2 期。

② 梅桑榆认为 1894 年宗方小太郎受根津一之邀,接受日本大本营海军部特殊任务,应该就是指的这次召集。但是梅文把地点误为在上海,甚至强调是在上海的日清贸易研究所,实际上,日清贸易研究所在 1893 年就关闭了,根津一本人也回到东京。但是,宗方小太郎参加了中日甲午战争日本方面的情报、间谍工作,这一点是可以互证的。梅桑榆:《日本浪人祸华录》,中共党史出版社 2005 年版,第 93 页。

③ [日]升味准之辅:《日本政治史》第二册,董果良译,商务印书馆 1997 年版,第 288 页。

翻译，然后大部分又被安排到了台湾总督府和法院等处从事翻译工作"。①到了 20 世纪之初，因为中国大量邀集日本教习，毕业生中也有不少前往中国学堂担任教授职务的，如前往武昌陆军（小）学堂的胜木恒喜、前往满洲新民府师范学堂的石川宗雄等等②。

日清贸易研究所的这些毕业生，因为熟练掌握中文，以及在华生活多年的经验，注定仍然将在中日关系中继续扮演重要的角色。

1896 年，荒尾精在台湾染病去世。日本贵族院议长、从二位勋二等公爵近卫笃麿（1898 年第一任东亚同文会会长）亲自为其撰写碑文，由清廷光禄大夫尚书衔陕甘总督升允书写，立碑于京都若王寺，碑文如下：

> 扶桑旧邦，明治维新。笃生俊乂，亲仁善邻。
> 兄弟阋墙，外御其侮。非我族类，奇拔奚取。
> 行上者道，行下者器。长治久安，惟德与义。
> 常人从众，哲士前知。诞告多方，视此丰碑。③

第三节　东亚同文书院的建立

"教授中外实学，培育中日英才，一则有利于巩固中国的国基，一则有利于加强中日的友好关系。这也是保全中国、定策东亚长治久安、立计天下太平所在。"④

——《东亚同文书院创立要领·兴学要旨》

---

① ［日］六角恒广：《日本近代汉语名师传》，王顺洪编译，北京大学出版社 2002 年版，第 89 页。

② 汪向荣：《日本教习》，中国青年出版社 2000 年版，第 105 页；［日］大学史编纂委员会：《东亚同文书院大学史——创立八十周年纪念志》，东京：社团法人沪友会 1982 年版，第 410 页。

③ 白岩龙平认为碑文实际上是升允所作。见《支那二十五周年记念号发刊词》，东京：《支那》第 25 卷 10 号，1934 年 10 月。

④ ［日］根津一：《东亚同文书院创立要领·兴学要旨》，载大学史编纂委员会《东亚同文书院大学史——创立八十周年纪念志》，东京：社团法人沪友会 1982 年版，第 715 页。

一　东亚（南京）同文书院创设的准备

1899 年 3 月，东亚同文会召开了春季大会，决定在汉口和广东派遣留学生，要求身体健康，高等普通中学以上学历，英语良好，27 岁以上。会内外对此非常踊跃，共有 20 多人报名，最后，录取了其中的 13 名。前往广东的六名留学生在东亚同文会广东支部长高桥谦的监督下学习粤语，分别是：桥本金次、内田长二郎、熊泽纯之介、山下稻三郎、远藤隆夫（以上均为 1899 年 5 月录取）、松冈好一（1899 年 8 月追加）。[①] 本来预计前往汉口的留学生改由上海支部支部长井手三郎负责，在上海学习北京官话，共七人，分别是：冈野增次郎、曾根原千代三、山田纯三郎、宇野海作、上田贤象、井手友喜和千岛吉郎。

东亚同文会安排的第一批留学中国的 13 位学生，对于东亚同文会在华各项事业的展开都发挥了非常重要的作用。尤其是山田纯三郎，和他哥哥山田良政[②]，对于孙中山的革命事业贡献极大[③]。1911 年 12 月 21 日，孙中山自欧返国抵香港，翌日，为山田纯三郎题字："同舟同济，清之亡年十二月二十四日　山田先生属孙文书。"[④] 另外还有两幅题字"天下为公"和"至诚如神"，没有题字的时间，但标明"山田先生属"[⑤]。在《建国方略》中，孙中山也称："其为革命奔走始终不懈者，则有三田

---

① ［日］财团法人霞山会：《东亚同文会史》，东京：财团法人霞山会，1988 年版，第 270—275 页；［日］大学史编纂委员会：《东亚同文书院大学史》，东京：社团法人沪友会 1982 年版，第 76 页。

② 1900 年 10 月 6 日，郑士良以会党为主力，在惠州三洲田起义。10 月 20 日，山田良政从台湾经厦门、香港抵达惠州，向郑士良转达孙中山的意见，返途中因迷路为清军所捕，22 日被杀。孙中山对山田良政之死，极为痛悼，他在自传中写道："此为外国志士为中国共和牺牲者之第一人也。"《孙中山全集》第六集，中华书局 1981 年版，第 235 页。

③ 目前，日本爱知县丰桥市爱知大学的"东亚同文书院大学纪念中心"收藏了绝大部分有关山田兄弟协助孙中山革命工作的有关资料。［日］藤田佳久：《中国：辛亥革命以来的八十年——本大学所藏孙文关系史料》，载《爱知大学　东亚同文书院大学纪念中心报》创刊号；［日］今泉润太郎、佃隆一郎、藤森猛：《孙文、山田良政和纯三郎关系资料补遗》，载《同文书院纪念报》第 4 期；［日］今泉润太郎、武井义和：《孙文、山田良政和纯三郎关系资料补遗（续）》，载《同文书院纪念报》第 5 期。

④ 《中国革命之友山田纯三郎先生访问记》，《导报画刊》1946 年 5 月 5 日上海版。

⑤ 现藏于日本爱知大学丰桥"东亚同文书院大学纪念中心"。

（应为"山田"之误）兄弟"，山田纯三郎还有专著《中国革命与孙文的中日联盟》(《シナ革命と孙文の中日联盟》)问世，第二次世界大战后也致力于中日友好关系的恢复。1960年2月山田纯三郎去世，国民党方面的何应钦、谷正纲、张群等人和有关政府机构，大陆方面的廖承志分别致函悼念。①

冈野增次郎和吴佩孚则建立了相当密切的关系，一度出任吴佩孚的日籍顾问；曾根原千代三参与了南京东亚同文书院建立的谈判；井手友喜是上海支部长井手三郎的弟弟，后来在《同文沪报》服务；到广东的六位"在练习粤语的同时，协助该会广东支部进行活动。松冈还参与了《知新报》的编撰，并介入保皇会的勤王密谋"。②

1899年4月，近卫笃麿出访欧美等15个国家，同年9月25日，返日途中抵达上海，东亚同文会员及日侨三十多人在怡和码头迎接，随后参观了租界内工商企业。第二天午后，参观了盛宣怀创立的江南学堂，学堂提调李一琴③负责接待。本来当日晚上准备前往南京，但是因为东亚同文会驻上海各会员要求近卫谈谈访欧见闻、东亚局势，后来七十多人在船上又发起另外一个盛大的欢迎会，以致决定将去南京的时间延后一天。④ 27日，近卫笃麿、大内畅三、小原新三、井手三郎、宗方小太郎、清藤幸七郎、佐佐木四方志和三井会社职员藤原一行八人，前往南京，29日抵达

---

① 应当注意的是，东亚同文书院对于孙中山是很重视的，1929年6月，孙中山移灵南京中山陵时，东亚同文书院副院长冈上梁、教授清水懂三专行献花，并且同日在书院内降半旗志哀。[日]大学史编纂委员会：《东亚同文书院大学史》，东京：社团法人沪友会1982年版，第128页。

② 桑兵：《近代日本留华学生》，《近代史研究》1999年第3期，收入氏著《国学与汉学——近代中外学界交往录》，浙江人民出版社1999年版，第257页。但是，此间有两处提法值得质疑，一为"应上海支部长井手三郎之请"才派出留学生似乎与开始计划汉口、广东两地留学难以合乎逻辑，而且井手三郎2月28日出发，途经老家熊本前往上海，没有时间参加3月份在东京举行的春季大会，而正是在这次大会上决定向清国派出留学生的事项，[日]财团法人霞山会：《东亚同文会史》，东京：财团法人霞山会1988年版，第270页；另，桑文中将前往上海的7名学生误为4名。

③ 事实上，李一琴曾经在日本驻华使馆工作，此时又在东亚同文会及其关系的教育行业工作，这可能是被访问最重要的原因。劳祖德整理：《郑孝胥日记》第一册，中华书局1993年版，第210、237、346页。此中还有很多有关郑孝胥与一起在日本使馆任职的李一琴学习英语的回忆。

④ [日]财团法人霞山会：《东亚同文会史》，东京：财团法人霞山会1988年版，第281页。

南京拜访两江总督刘坤一。①

刘坤一对于日本来华创立学校，是大力支持的，1899年十月二十二日（旧历）致伊藤博文的信中，他对于中国向日本学习建立现代学校是相当有诚意的，"前闻雅教，敝国宜办工艺学堂，切中款要。第念广东、湖北相距颇远，联合为难，因就所属江宁、江苏、江西、安徽四省首先举行，以为之倡。幸各院司均以为然，已有成议，尚待派员前来贵国察看规模，并拟于尊处延请总分教习，购买各项机器，以图地近费省，届期奉恳大力关垂"。② 1901年2月22日，刘坤一复信近卫笃麿，也表示"自以开学堂、设译馆为第一要义，将来所需教习、书籍以及机器、仪器，不能不就近取给大邦，临时奉恳，自蒙诸君子玉成，随事提携"。③

根据近卫笃麿日记的记载，刘坤一对于新学的引进有着非常迫切地希望，这次会谈主要是围绕清国教育改革、振兴新学的内容展开的，因此，近卫趁机提出了东亚同文会的"中国保全"、"帮助中国进行改革"的主旨，并且提供现实的方案，即首先以培养人才为重，进而准备在南京开办学校，但是，在租借地之外开设学校，没有地方大员的支持显然是不可能的，所以希望刘坤一可以给予方便。刘坤一指出小田切万寿之助领事已经向他说明东亚同文会的宗旨和对华友好态度，自然非常乐意参与此事，并且将提供力所能及的帮助。

在此之前，因为东亚同文会前次（1899年3月）派往中国留学13名学生的计划进行得很顺利，在会内得到一致肯定，因此，扩大前往中国的留学生规模成为东亚同文会的一致目标。1899年7月，在近卫笃麿会长出访而不在日本的情况下，东亚同文会设立了有关同文书院的专门委员会，即特别

---

① 实际上，近卫一行在南京只停留了一天，30日就离开南京前往武汉了。在武汉却待了四天，4日从汉口前往上海，7日抵达。8日，近卫、井上、佐佐木三人前往苏州，后因故行期发生变化，改为直接回东京复命，11月25日抵达东京。在这个问题上，《罕为人知的中日结盟及其他——晚清中日关系史新探》也认为日本是为了加强与张之洞的关系，尤其是此行受到了"张之洞空前隆重的欢迎"。但是该书有些史实上的出入，首先把时间误为1889年，光绪二十五年应为1899年；其次，日本不是特派近卫笃麿前往长江流域，而是因为其访问欧洲的回日途中的原因。孔祥吉、[日]村田雄二郎：《罕为人知的中日结盟及其他——晚清中日关系史新探》，巴蜀书社2004年版，第107页。

② 刘坤一：《刘坤一遗集》第五册，中华书局1959年版，第2258页。

③ 《复日本同盟会》（刘坤一将东亚同文会误为同盟会），收入刘坤一《刘坤一遗集》第五册，中华书局1959年版，第2284页。

第一委员会。这个委员会由代理会长长冈护美、伊泽修二、高田早苗、本多庸一、三宅雄二郎、中岛裁之和柏原文太郎七人组成。委员会的职责是有关创立同文书院①的内容。在东亚同文会决策层，最早、最全面的考虑创立学校的是佐藤正（后升任干事长），东亚同文书院成立之初的人事安排也可以说明这一点，佐藤是内定的院长人选，因为身体原因而未能就任。

早在近卫访问刘坤一、张之洞之前，1899年9月，佐佐木四方志和原口闻一受命抵达上海。原口等待南航的船只前往广东赴任；佐佐木等待日本驻上海领事小田切抵达上海后一同前往南京。佐佐木因为陪同近卫访华，又回到上海，11月20日，在曾根原千代三陪同下前往南京商谈学校事宜。而这一次，不仅仅是东亚同文会的支持，更是通过日本政府外务省青木周藏外相指示日本驻上海领事小田切万寿之助通力协助②。

刘坤一指示金陵洋务局总办汪嘉棠③与佐佐木详谈学校的计划。确定借用南京仪凤门（今兴中门）以东鼓楼薛家巷的妙相庵④，大概可以容纳

---

① 《东亚同文会史》添加的标题是"与东亚同文书院设立相关的特别第一委员会"，但是文中却是使用"同文书院"。在大多数情况下，这两者并没有区别，但是，在这个时期，特殊的存在了正在筹建中的东京同文书院和仅仅是单方面意向的在中国成立"东亚同文书院"，因此，这个委员会的责任很明显包括了两者，而且，应该更加侧重于有关东京同文书院的任务，因为东京同文书院很快就在两个月以后，即1899年9月在东京成立了。《东亚同文会史》的编辑者习惯性的通用"东亚同文书院"和"同文书院"，在此出现了歧义。[日]财团法人霞山会：《东亚同文会史》，财团法人霞山会1988年版，第274页。

② 小田切万寿之助本身就是东亚同文会会员，而且前文已经交待，佐佐木前往上海本来的动因是因为协同小田切前往南京的。但是，青木的指示表明了日本政府正式同意东亚同文会关于在中国设立学校的计划，这对于这个学校能够长期存在是至关重要的，在此之前日本的民间组织和个人也都有在中国创立学校的计划和实践，都没有成功。根据同文会的文件记载，佐佐木和曾根原千代三是在11月20日前往南京的，但是《东亚同文书院大学史》却强调是在12月。因为后者没有交代资料来源，而前者属于档案资料，故采用前者的说法，将后一种说法存疑。[日]财团法人霞山会：《东亚同文会史》，财团法人霞山会1988年版，第285页；[日]大学史编纂委员会：《东亚同文书院大学史》，社团法人沪友会1982年版，第77页。

③ 汪嘉棠，字叔希，西溪人，清光绪间拨贡，次年朝考一等，任职礼部，升主事，兼总理衙门章京。后以二品衔任江苏候补道，历任金陵洋务局总办、金陵制造局会办，全国厚生局总办，全国电政督办、财政部咨议等职，晚清实业界之名人。

④ 同年6月，根津一院长抵达南京以后，与两江总督刘坤一协商，将妙相庵及其附近的控制土地租借20年，并且筹备修建新的建筑。南京同文书院改迁上海以后，1907年3月23日，两江总督端方在南京成立了国内第一所华侨学府暨南学堂（即后来的暨南大学），校址也位于南京妙相庵。

50—60 名学生。

1900 年 1 月，东亚同文会派遣在上海的留学生和教师中，有四名学生和三名教师前往南京①，暂时住在秦淮河沿岸的复成仓刘公馆，准备开设学校具体事宜。

二　南京同文书院成立

1900 年 5 月 12 日，南京同文书院代表②和两江总督代表、金陵洋务局总办汪嘉棠共同为南京同文书院揭牌，东亚同文书院在华办学 46 年的历史从此开始了。

开设之初，教师共有八名，分别是干事（相当于教务长）、医学士佐佐木四方志；教授商务、会记的中村兼善；教授法律、经济学的文学士山口正一郎；讲授时文、汉语兼任舍监的山田良政；讲授英语的布罗克曼；讲授汉语的王镇；讲授汉学的邹宝霜。

学生来源非常分散③，即同文会原有资助、前期已经帮助建学的留学生 5 名；另外有贵族院议员野崎武吉郎资助的两名学生：大原信和神津助太郎；日本农商务省海外实习联系生两名；广岛县派留学生 4 名，熊本县县派留学生 3 名、自费留学生 1 名，佐贺县 2 名，东亚同文会加派留学生 2 名；在南京本愿寺留学的两名日本学生也转入同文书院；共计学生 23 名，分成两个班，其中汉语基础较好的分在第一班。④ 此前，1899 年 12 月，贵族院议长、东亚同文会会长近卫笃麿曾经致信日本各府县行政长官，信中指出：设立在南京的同文书院学制三年，讲授汉语为主，辅之以

---

① 四名学生分别是冈野增次郎、山田纯三郎、宇野海作、上田贤象，加上前期已经抵达南京的曾根原千代三，一共是五名，井手友喜和千岛吉郎留在上海未能前往的主要原因，是因为《同文沪报》已经开始营业，需要学生协助。三位老师分别是：山口正一郎、山田良政和中村兼善。

② 根津一是 4 月从京都赶到东京的，4 月 11 日同意接任南京同文书院院长，5 月才由东亚同文会评议员会议通过正式任命，5 月底离开东京，6 月 7 日拜会刘坤一。因此，5 月 12 日开校仪式的日方代表很有可能是学院的监督佐佐木四方志。关于此中具体的原因，详见下文中有关校长风波一节。

③ 东亚同文书院通常把 1901 年入学的称为第 1 期，但是，1900 年入学的学生在 1901 年均进入上海东亚同文书院，因此，第 1 期的学生实际上包括了 1900 年和 1901 年入学的两部分学生。

④ ［日］大学史编纂委员会：《东亚同文书院大学史》，东京：社团法人沪友会 1982 年版，第 80 页。

英语，同时开设与工商业有关的经济学、法学门类课程。该学院同时在中国招生，向华人开设日语，力求灌输科学思想、唤起国家观念。两国学生同在一处学习，以求相互了解、培养友谊。在日本国内招生中学学历和同等及以上学历的青年，学费暂定每人每年240日元。毕业生将作为中国公私事业调查者或者介绍员；也可能直接安排在华工作。但是因为各县的预算已经结束，只有三个县派出了提供资助的学生。

1900年6月1日，作为招收清国学生的分院在南京城内的王府园成立。此时共有30名学生就读于此。教师共三名，邹宝霜仍然负责汉学；英语由山田良政讲授；日语由同文书院学生曾根原千代三[①]负责。

南京同文书院成立的同时，院长根津一还考虑过中国留学生留学日本的问题。他预想在东京汤岛圣堂设立可容两千名留学生的寄宿舍，但由于没有政府的支援这么庞大的计划实在难以实现。[②]（关于东京同文书院，可参见本章第一节）

三 建立之初的三次动荡

建立之初，东亚同文书院就处于动荡之中。先是院长人选临阵换将，然后是惠州起义的波及，接着的义和团危机使得学院离开南京，改驻上海。

预定5月份正式成立的书院，4月份爆发院长人选危机。南京东亚同文书院的院长人选，东亚同文会的众议所归是干事长佐藤正，主要因为他

---

① 曾根原千代三也是同文书院历史上传奇般的人物，他一方面是学生，另一方面又是老师。曾根原氏曾经在台湾服务于日本陆军，后转入同文书院深造，毕业以后又在同文书院教学一段时间；1901年宫坂九郎入川兴办实业，邀请曾根原氏前往重庆调查物产（燐寸，即火柴所用白磷），不久宫坂九郎、曾根原千代三和远藤留吉、白岩龙平创办新利洋行，致力于调查四川内地的物产、社会和经济，将当地的猪毛、羊皮和棕榈出口日本及欧美地区，成为当地几家影响的大企业。曾根原千代三被日本对华问题专家奉为调查中国内地，尤其是四川地区的开拓者，1909年，曾根原氏因病在四川去世。［日］黑龙会编：《东亚先觉志士记传·列传·曾根原千代三》下卷，东京：原书房1966年版，第314—315页。

② ［日］升味准之辅：《日本政治史》第二册，董果良译，商务印书馆1997年版，第420页。不过，1905年东京同文书院扩建，规模扩充到可以接收500名留学生，但是实际规模最大的时候也只有392名。［日］财团法人霞山会：《东亚同文会史》，东京：财团法人霞山会1988年版，第76页。

对于在清国建立这所书院的规划最为积极和尽力，在《近卫日记》中，也记载了佐藤正提交的《南京同文学堂设立意见书》①，内容涉及学校设置的方方面面。

但是，4月2日，佐藤给近卫写信，谈到山口正一郎从南京回东京复命时，提出的两个难题：一是根据南京目前的情况，怎样才能实现当初设立的目标；二是山口希望能够在南京根据实际情况的变化，能被授予更大的自主权力。佐藤认为，清政府对于改良派的压迫日益加深，在南京办新式学校不能招收到清国的学生；而日本本国的学生肯定也不会太多，只有一两个县同意派出公费生，同时这也说明学校的今年经费来源很成问题，没有地方政府派出公费生附带的费用补贴，学校的扩张根本没有希望。山口的第二点，即希望得到更多的授权，是因为山口和佐佐木的关系处理得不好，学堂的事情刚刚有起色，两个人就开始闹矛盾，将两个人学堂创立委员的职分都取消，让山口正一郎负责教务，佐佐木只负责医务，再找一个人来负责总务。可是，佐藤认为如果派遣自己前往当任校长，必然会引起和山口的不合，那时如果当地的东亚同文会会员支持山口，自己因为没有人支持，必致十分狼狈，因此不如先行请辞。②

与这封信同时呈交近卫笃麿会长的，还有佐藤正写于次日（4月3日）的病休书，甚至佐藤要求同时辞去东亚同文会干事长之职。

根据田锅安之助的回忆，佐藤正不去南京就职是因为另外的原因：佐藤参加过中日甲午战争，作为山县有朋手下的第十八联队长，在战争中功勋卓越，被人称为"鬼大佐"，因为双脚受伤退役改任宫中顾问官的荣衔。因此，参谋次长大迫尚道反对派佐藤去中国，此中理由既有担心佐藤身体，更多的还是担心佐藤在中国的安全。③

还有一个更充分的理由，同文书院特别第一委员会成员伊泽修二给近

---

① ［日］共同通信社《近卫日记》编集委员会编：《近卫日记》，东京：共同通信社开发局1968年第2卷，第489页。

② 《佐藤正致近卫会长信（明治三十三年四月）》，［日］财团法人霞山会：《东亚同文会史·资料编》，东京：财团法人霞山会1988年版，第208—209页。

③ 《田锅安之助回忆》，收入东亚同文会编《续对支回顾录》下卷，东京：原书房1973年版，第280页。

卫会长的信①，也说明佐藤成行的可能性很小。因为陆军大臣桂太郎②极力反对佐藤前往中国，对于同文会的亲华主张，桂太郎虽然不高兴、不支持，毕竟还能容忍，但是，对于"佐藤少将前往中国赴任南京学校完全阻止"，才是桂"最为挂念"。考虑到桂太郎的身份，在桂太郎与西园寺公望轮流组阁的"桂园时期"，这样的劝阻是相当有分量的。

近卫遇到这样的事情，也感到非常棘手。他首先征集了推荐山口正一郎的杉浦重刚的意见，但是大家的一致意见还是认为佐藤正是最好的人选，他又亲自前往看望佐藤，但佐藤坚决不去南京，只是答应可以保留干事长的职分。并且这件事情还和近卫与广岛国民派的纠纷联系到了一起③，一时间，南京同文书院院长的人选成为东亚同文会众人的焦点。而这场纠纷也充分证明了书院的人事问题常受日本政府、特别是军方的直接或间接的干预。④

---

① 共同通信社《近卫日记》编集委员会编：《近卫日记》，东京：共同通信社开发局，1968年第3卷，第76页；《伊泽修二致近卫会长信（明治三十三年三月）》，[日]财团法人霞山会：《东亚同文会史：资料编》，东京：财团法人霞山会1988年版，第206—207页。《东亚同文书院大学史》也提到了这封信，但是从此信中解读的意思完全不明所以，而是认为佐藤在《南京同文学堂设立意见书》中强调"体操"，实行军队操练的方式"鼓舞爱国士气、打破惰弱陋习"，会导致清政府的猜疑，以此参谋本部不同意佐藤前往。还援引了山田良政帮助孙中山惠州起义后引发清政府对日不满的案例。这种分析理由很不充分，作为存疑附录于此。[日]大学史编纂委员会：《东亚同文书院大学史》，东京：社团法人沪友会1982年版，第78页。

② 桂太郎（1847—1913），出身山口县（长州藩）武士家庭，1870年赴德国留学，学习军事和军制，1878年归国后在山县有朋领导下从事日本军事近代化改革工作，极受山县器重。中日甲午战争时任第三师团司令，后就任朝鲜总督、陆军大臣，主导日英同盟、日俄战争、日韩合并等重大事件。1901年、1908年、1912年三次组阁，前后任总理大臣共约7年8个多月，是日本有史以来任职时间最长的首相，这一时期因为桂太郎与西园寺公望轮流登台组阁而被称为"桂园时期"。明治天皇死后由山县推荐入宫担任内大臣，患有脑病而毫无主政能力的大正天皇完全听任桂太郎摆布，故被称为"躲在龙袖后面的人"。

③ 《南京同文书院院长佐藤正辞职文件（明治三十三年四月）》，[日]财团法人霞山会：《东亚同文会史：资料编》，东京：财团法人霞山会1988年版，第201页。

④ 单冠初：《试论东亚同文书院的政治特点——兼与西方在华教会大学比较》，《档案与史学》1997年第1期。

第一章　东亚同文书院的筹建准备　　41

根据田锅安之助①的回忆录，是井户川辰三②的推荐促成根津一登场。井户川辰三曾经在陆军少年学校学习，而根津一此时已经是中尉，并且在参谋本部担任工作，对于井户川有非常深的影响。在院长人选无人能任的时刻，井户川大力推荐了根津氏。另外，日清贸易研究所毕业的白岩龙平，在东亚同文会成立之初，备受近卫会长的重用，也曾经和根津一有书信往来，希望根津氏加入东亚同文会。1899 年 11 月近卫笃麿出访回国后，途经京都时曾经亲往根津一住地若王子寺拜访，这也是白龙岩平促成的，因此把根津氏作为院长推荐人选时，白岩龙平也发挥了很大的作用。也有证据表明，汉口乐善堂成员、日清贸易研究所的高桥谦也为根津一出任院长有过贡献。③

1900 年 4 月，根津一在京都若王子寺结束了参禅的生活，赶往东京，与近卫笃麿会谈后，于 4 月 11 日同意接任南京同文书院院长，5 月由东亚同文会评议员会议通过正式任命，5 月底离开东京，6 月初抵达南京，出任南京同文书院院长。④

1900 年义和团运动期间，孙中山主持的兴中会决定在广东惠州发动起义，由郑士良全权指挥，史坚如、邓荫南在广州谋响应，杨衢云、陈少白在

---

①　1900 年 7 月中旬，因为义和团运动导致中国与各国关系紧张，被近卫急调回东京担任东亚同文会干事长的根津一提名由田锅安之助代理院长，7 月，田锅安之助抵达南京。在代理院长期间，田锅安之助和东亚同文会上海支部长井手三郎、汉口支部长宗方小太郎商定了时局方针：第一，北京被占领后即帮助南方督抚组成联邦政权；第二，南方督抚如倒向慈禧，就扶助"中国议会"和哥老会等势力来达成目标；第三，展开活动同时，对日本政府和军部及东亚同文会指导部进行说服工作。成为东亚同文此阶段对华工作的指导方针。［日］神谷正男：《宗方小太郎关系文书》，东京：原书房 1975 年版，第 92 页；［日］近藤邦康：《井上雅二日记——唐才常自立军蜂起》，东京：东京大学国家学会杂志 1985 年第 98 期；楼宇烈：《康南海自编年谱》，中华书局 1992 年版，第 209 页；转引自翟新《近代日本民间团体的对华政策理念——以东亚同文会"中国保全"为中心》，《上海大学学报》（社会科学版）2006 年第 2 期。

②　1898 年，井户川辰三在重庆讲授日语，传播新学，学生中就有邹容。日俄战争期间，在辽西北的阜新、彰武、法库一带，日军大尉井户川辰三收编了蒙匪巴布扎布、白音达赖、巴图尔昌、三喇嘛等队伍，结成 500 余人的马队，曾经袭击了俄军的给养运输队，炸毁了公主岭与梨树间的铁桥。王希亮：《近代西伯利亚和远东地区日本谍报活动述评》，《西伯利亚研究》2003 年第 2 期。

③　［日］东亚同文书院沪友同窗会编：《山洲根津先生传》，东京：大空社 1997 年版，第 391 页。

④　根津一受近卫笃麿的重视也可以从很快发生的一件事情中得到佐证：根津氏 6 月初抵达南京出任院长刚一个月，7 月初，东亚同文会就将其召回任命为东亚同文会干事长，佐藤正离任。根津氏同时兼任南京同文书院院长，在离开南京期间，由代理院长田锅安之助负责学校事务。

香港策划接济，并拟取道香港到惠州三洲田领导起义。9月25日，孙中山偕日本人内田良平、山田良政、平山周、尾崎行昌等自日本神户启程赴中国台湾，28日抵基隆。其后，山田良政转赴汕头，尾崎行昌等赴厦门，孙中山与平山周留台北，与日本台湾总督儿玉源太郎的代表后藤新平会谈。后藤"许以起事之后，可以相助"。孙中山即在台北建立指挥中心，聘请日本军人参加，并命郑士良于10月8日在广东惠州举义。① 郑士良率领潮（州）、惠（州）、嘉（应）会党600余人集结于惠州三洲田，因为引起清军注意而被迫于10月6日起义。因为南京同文书院的监督佐佐木四方志、教师山田良政在起义谋划中的积极参与，书院内很多学生报对此抱有跃跃欲试的态度。学生中原有的玄洋社社员安永、柴田、平冈等人在学校也有宣传起义的行动。此时，田锅安之助刚刚抵达南京，看到学校内秩序大乱，学生在教室中喝酒、演讲，上课的人却很少，而且此时南京市内因为受北方义和团运动的影响已经有紧张气氛。② 代理院长对此十分恐慌，马上致电近卫笃麿和根津一，要求得以处罚教员和学生的权力，得到许可后，田锅安之助向全校学生宣布，对于企图参加革命的学生处以1个月禁闭的处罚。对此，学院监督佐佐木四方志愤然辞职，师生中各一人离开学校参加起义，老师即山田良政，同年牺牲于惠州三洲田，学生是柿引武四郎。③

根津一初到南京之时，准备长期在此办学，因此与刘坤一协议将妙相庵及其附近的控制土地租借20年，并且筹备修建新的建筑。但是，时局的变化实在出人意料，南京同文书院仅仅办学4个月，就被迫迁往上海，改名东亚同文书院。

1900年夏末，义和团运动波及长江沿岸地区。刘坤一亲自向南京同文书院代理院长田锅安之助建议，希望将学校迁出南京改驻上海，避免受到意外伤害。刘坤一的建议有很多值得质疑的地方：首先，南京地区的义和团运动并没有严重的态势，甚至北方地区陷入战乱之中时，华南刘坤一、张之洞和李鸿章尚能"东南互保"，可见南方的排外运动远未严重到

---

① 杨天石、尹俊春：《日本政府有关惠州起义电报》，《历史档案》1986年第3期。

② 东亚同文会：《续对支回顾录·列传·田锅安之助》下卷，原书房1973年版，第281页。

③ 柿引武四郎也是山田良政的同乡，此后继续参与孙中山领导的中国革命，1913年在"二次革命"中战死于南京。早在1894年甲午中日战争期间，柿引武四郎已经以一等军曹参军作战，曾荣获六级金鵄勋章。[日] 黑龙会编：《东亚先觉志士记传·列传·柿引武四郎》下卷，东京：原书房1966年版，第441页。

危害学院之程度。其次,1900年8月14日,八国联军侵入北京,义和团运动的高潮已经过去,按当时信息传播已经相当迅捷,刘坤一不在最严重的5月到8月提出迁校建议,却在八国联军已经发动战争并且取得决定性胜利之后提出,实在难以理解。最后,刘坤一对于在城内王府园的分院,即专门招收中国学生的部分亦未加以挽留,这显然与刘坤一最初办学的希望完全背离,可见刘坤一此时已经有"送瘟神"之想法。所以说,刘坤一最真实的礼请南京同文书院出境的原因,应该是得知了书院内部有人支持孙中山的革命起义,而义和团波及只是托词而已。

学院迁往上海,对于学校的发展不啻是一个契机,一方面上海的开放程度远远强过其他周边地区,学校的影响得以扩大;另一方面上海与日本的交通更加方便,上海在日本人心目中的国际性和知名度都要大得多,对学院的招生更加有利,"上海正好是一个寄托'浪漫'的对象,是一块实现'冒险'梦想的绝好土地"①;加之上海在清末的动荡中相对要稳定得多,学院的发展更有保障。此外,上海在此时已经成为西方列强在远东的中心据点,书院设此可直接了解列强的亚洲政策。②

1900年8月下旬,南京同文书院的师生离开南京,前往上海,在上海涌泉路跑马场的退省路,也就是原来日清贸易研究所的校舍中,恢复授课。尔后不久,正式更名为东亚同文书院。③

---

① 刘建辉:《魔都上海——日本知识人的"近代"体验》,甘慧杰译,上海古籍出版社2003年版,第10页。

② 苏智良:《上海东亚同文书院述论》,《档案与史学》1995年第5期。

③ 南京同文书院更名东亚同文书院的时间,大多数记载,都认为是在迁入上海不久,如《东亚同文书院大学史》就一直把1901年5月上海开校时的学校名称作为"东亚同文书院",[日]大学史编纂委员会:《东亚同文书院大学史》,东京:社团法人沪友会1982年版,第84、87、88、91页。这是不确切的,因为根据《东亚同文会报告》第十八回(1901年5月)《南京同文书院入学学生增加》;第十九回(1901年6月)《南京同文书院的入学式》;第二十回(1901年7月)《南京同文书院在上海的开校仪式》;尤其是第二十二回(1901年9月)发表的《南京同文书院改称及章程的修正》;直到第二十七回(1902年2月)《东亚同文书院公费留学生确定数》才第一次出现"东亚同文书院"字样。东亚同文会机关报:《东亚同文会报告书》,第十八、十九、二十、二十二、二十七回,东京:东亚同文会1901年5、6、7、9月,1902年2月;[日]东亚文化研究所:《东亚同文会机关志、主要刊行物总目录》,东京:财团法人霞山会1985年版,第23—25、27页。

第二章

东亚同文书院的兴衰

东亚同文书院在上海兴学 45 年，是日本最早的、迄今为止规模最大的驻外文化设施。1982 年由沪友会主持、大学史编纂委员会编辑的《东亚同文书院大学史——创立八十周年纪念志》按照学院校舍所在的位置将这 45 年分为四个阶段，即高昌庙桂墅里时代[①]、赫斯克而路租用校舍时代、徐家汇虹桥路校舍时代[②]和徐家汇海格路临时校舍时代。[③] 有关东亚同文书院的研究者博井由和周德喜也都采用了这种划分的办法[④]，可见其充分的合理性。

但是，如果换一个角度，从中日关系的大背景下，来看东亚同文书院这个比较特殊的跨国教育机构，它的办学特殊条件正是植根于中日之间的历史抉择之中，把它理解为中日关系的一个缩影也是毫不为过的。1915 年之前，中日关系是平稳发展的时期，东亚同文书院也在友好的气氛中蒸蒸日上地发展；1915 年以后，中日关系发生多次不愉快的交锋，但是东亚同文书院以兴建新校舍为标志，其发展却进入一个全盛的新时期，开设新兴学科，发展对华教育，都是在这一时期开始和实现的。1932 年，日军发动"第一次淞沪事变"，是中日关系的重大转折标志，中日之间必有一战的气氛笼罩在两国国民心头，东亚同文书院的发展也开始由盛渐衰，

---

① 在此之前，在日本长崎县大村町临时办学一月有余。

② 这个时期中因为 1932 年、1938 年日本两次发动"上海事变"，学院再三迁往日本长崎临时办学。

③ ［日］大学史编纂委员会：《东亚同文书院大学史——创立八十周年纪念志》，东京：社团法人沪友会 1982 年版。

④ 参见［日］博井由《东亚同文书院大旅行调查研究》，上海书店出版社 2001 年；周德喜《东亚同文书院始末》，《兰州大学学报》（社会科学版）2004 年第 3 期；周德喜《甲午战争前后日本在上海创办的学校述论》，《广东社会科学》2003 年第 6 期。

学院在华各项教育活动的开展逐渐萎缩，包括大旅行的路线和范围都无法和前期相媲美，随着日本侵华战争的爆发，学院不仅仅是自身发展的停滞，更是在蜂拥之中，乘上侵华战车，无可避免地导致数十年教育事业在日本战败投降声中宣告崩溃。剔去不可知论和历史虚无主义的成分，克罗奇的对于黑格尔—叔本华的"人与目的"体系的新发展，也部分说明了东亚同文书院（大学）的历史困境——"看来明白无误的是，个人是以无限的错觉为中介而进行活动的，他向自己提出他所不能达到的目的，而达到他所没有看到的目的。"[①]

以 1915 年和 1932 年为分界，将东亚同文书院的沿革划分为三个阶段，不仅仅是从这个学院自身发展的阶段来考察，而且也正是以展示这个缩影而去认识其背后更为沉重的历史的一次尝试。

第一节　成长时期（1900—1914）

一　新至上海

1900 年 8 月下旬，同文书院迁往上海退省路以后，学校在一幢三层的西式楼房里继续授课，田锅安之助、佐佐木四方志均回日复命。学校日常事务由中村兼善负责，以致中村积劳成疾，1902 年在上海去世。

回到日本的有关人员，得知书院在上海继续开办，自然最为紧要的事情就是招生前往入学。东亚同文会因此委派五名工作人员前往日本各地游说，分别是负责关东、信洲的小川平吉、负责东北地区的三谷末治郎、负责北陆地区的田锅安之助、负责关西、四国的井上雅二和九州的郡岛忠次郎。吸取上次因为财政预算已经结束的教训，这一次提前在 9 月份就前往各县争取财政资助。

1901 年 4 月间，在中村兼善的安排下，位于高昌庙桂墅里的校舍正式启用，师生于此地教学、生活 12 年，直到 1913 年"二次革命"时该校舍被烧毁为止。

1901 年 4 月 25 日，共有 1 府和 16 个县派出 51 名县费生，另外有 4 名自费生，共 55 名学生前往东京参加开学仪式。内藤熊喜回忆同期同学

[①] ［意］克罗奇：《历史学的理论和实际》，傅任敢译，商务印书馆 1997 年版，第 78 页。

时，不禁感叹其间年龄、经历差距太大，"正直北清事变结束，报有梦想、富于冒险的人自然都想有所作为。年龄从18岁到35岁的，身份更是五花八门，有政党支部的干事、县议会议员、中学和女子学校的教师、官厅的公务员、士官学校中途退学的学者"，言行举止也有"叉腰说话，语含威胁"的，更是有人"拿着短刀，行李中放着手枪"的。① 再如第1期学生水野梅晓，入学时虽然只有23岁，但是在他13岁的时候已经出家为僧，在日本著名寺院京都大德寺高桐院研习多年，又在东京哲学馆（即后来的东洋大学）夜间部学习过几年。1901年在根津一院长的邀请下来到南京学习，有一段时间还兼任门卫工作②，不禁让人感叹真是光怪陆离的时代。

直到1903年8月，第3期学生入学考试的时候，才规定学生的入学年龄限定在25周岁以内③，学生来源的结构逐步向单一的应届中学毕业生转变。

4月30日，近卫笃麿亲自在华族会馆（原鹿鸣馆④）向参加入学仪式的55名新生谈东亚同文书院的目的、立学宗旨，最后向学生提出四点建议：第一要把学习作为最重要的事情，意志薄弱最容易荒废学业；第二要珍惜日本人的名誉；第三要举止得体，三思而后行；第四要注意卫生，防止疾病。根津一随后向学生再提醒来东京召开开学仪式的目的，以及东亚同文书院的教育精神等等。仪式结束以后，根津一带领学生参观了东京帝国大学（即今日东京大学的前身）、横须贺船厂，从新桥乘汽车前往横

---

① ［日］内藤熊喜：《第1期生的思考》，载［日］沪友会《东亚同文书院大学史》，东京：沪友会，1955年版，第168页。

② ［日］栗田尚弥：《上海东亚同文书院——联系日中的男子们》，新人物往来社1993年版，第126—127页。

③ ［日］大学史编纂委员会：《东亚同文书院大学史》，社团法人沪友会1982年版，第99页。

④ 鹿鸣馆建成于1883年，是由英国建筑师乔赛亚·康德设计建造的一座砖式二层洋楼，整体建筑呈意大利文艺复兴式风格。鹿鸣馆名称出自中国《诗经·小雅》中的"鹿鸣"篇，即"呦呦鹿鸣，食野之苹；我有嘉宾，鼓瑟吹笙"。工程占地约1.45万平方米，历时3年，耗资18万日元（约合现在40亿日元）。今位于日本东京帝国饭店南侧的大和生命保险大楼前，曾经是近代日本欧化主义的象征。1889年改名为华族会馆。参见张国义《论鹿鸣馆时代日本国家主义思潮的兴起》，《华东师范大学学报》（哲学社会科学版）1999年第4期。

滨，5月1日乘坐近江丸号出航。东京、大阪的新闻机构对此都作了报道。①

二 立校之初

1901年5月26日，东亚同文书院在桂墅里校舍举行了开校仪式。东亚同文会副会长长冈护美，东亚同文会会员、日本驻上海总领事小田切万寿之助，大塚扶桑船长、上原明石船长作为日本官方和民间的代表；中方代表是两江总督刘坤一代表、会办商务大臣、宗人府府丞盛宣怀②，上海道台袁勋树，湖广总督代表、上海知县刘怡。英国高等法院院长威克逊等中外知名人士100多人出席，可谓盛况空前。长冈护美发表书面讲话，张之洞赠送石刻《诗经》一套。仪式后又为学生们举行会餐，其间更有烟花燃放，初来中国的日本学生们，对此印象非常深刻。

1901年，开学伊始，正式颁布《东亚同文书院章程》，而且使用汉语编写③，共计九章，包括职制、学年学期及散学、入学及退学、休学、考试、学费、寄宿和补章、附章。

补章中规定，书院开设政治科和商务科两个专业，学制均为3年。政治科需要修满22门功课，包括：伦理、清语（汉语）、英语、清国政治地理、清国商业地理、法学通论、宪法、民法、刑法、商法、行政法、国

---

① 大阪新闻业报道的原因是因为5月2日近江丸抵达神户，根津一带领学生参观了附近的大阪商品陈列所、大阪城、大阪炮兵工厂和大阪朝日新闻社。5月3日从神户出发，8日抵达上海。

② 沪友会的《东亚同文书院大学史》记载淞沪道台盛宣怀时刘坤一的代表，但是，大学史编纂委员会《东亚同文书院大学史——创立八十周年纪念志》记载的是上海道台袁勋民代表刘坤一出席，且名位在盛之前。尔后的长冈护美讲话中，又有李星使盛宣怀的提法，那么盛宣怀代表的就应该是李鸿章。按，盛宣怀是正三品大员，而上海道台只是四品官员，至少在名位上盛宣怀应该在前，1982年版《大学史》是值得质疑的，但这也并不能最终确定谁是刘坤一的代表。参见［日］沪友会：《东亚同文书院大学史》，东京：沪友会，1955年版，第168页；［日］大学史编纂委员会：《东亚同文书院大学史——创立八十周年纪念志》，东京：社团法人沪友会1982年版，第87页。而黄新宪指出，不仅两湖、两广总督，还有浙江巡抚余联沅、安徽巡抚王之春也派出了代表祝贺，没有提及盛宣怀和上海道，但是因为没有注明资料来源，只能作为孤证。黄新宪：《对近代日本在华创办的学校教育考述》，《江西教育科研》1990年第5期。

③ 有些材料宣称是用汉文的目的是为了中国籍学生得以读懂，实际上，东亚同文书院对中国籍学生的招生和教学直到1920年才得以开始。

际公法、国际私法、经济学、财政学、清国制度律令、清国近时外交史、近代政治史、汉文、实地修学旅行、汉字新闻、汉文尺牍。商务科包括21门：伦理、清语（汉语）、清国政治地理、清国商业地理、法学通论、民法、商法、国际法、经济政策、经济学、财政学、清国近代通商史、清国制度律令大意、商品学、清国商品学、商业算数、商业学、汉字新闻、簿记（会计）、实地修学旅行、汉文尺牍。美国学者任达在分析东亚同文书院课程时认为，在东亚同文书院，每一个学生都接受类似于战后美国区域（国别）研究的训练：语言（包括读、写、商务汉语和英语）；强调时效性的跨学科教育；文本和研究方法的训练；尤其是规模宏大的旅行和田野调查，以取得有关中国商业和地理的第一手资料。[①]

在专业方面，书院此后因为学科的发展略有调整，1914年农工科开设，1918年停止招收政治科，1920年停止招收农工科（有关农工科的开设和废止，可以参阅本章第二节有关专题）。1921年6月，第18期学员毕业以后，取消政治科；1921年入学只招收商务科，且学制改为4年；1922年6月，第19期学员毕业以后，取消农工科；1923年第20期学员毕业以后，取消三年毕业学制。

三　丰厚的学生待遇

东亚同文书院立校之初，就在汉文的《东亚同文书院章程》中以书面形式规定了学生享有的物质待遇及其实施细则。学校向在校学生提供的物资包括三部分：被服、寝具、文具，补充事宜在《供给物件备考》中予以解释。被服部分共计十项，详细内容和分发时间参见表2-1《东亚同文书院学生被服供给及其细则》。

表2-1　　　　　东亚同文书院学生被服供给及其细则

物品	第一年	第二年	第三年	共计	分发时间及细则
帽及遮阳布	1	1	0	2	第一年9月，第二年6月
外套	1	0	0	1	第一年10月

---

① Douglas R. Reynolds（任达）. *Training Young China Hands*: *Toa Dobun Shoin and Its Precursors*, 1886—1945. Peter Duus, Ramon H. Myers, and Mark R. Peattie, ed. 1989. *The Japanese Informal Empire in China*, 1895—1937. Princeton, New Jersey: Princeton University Press, p. 233.

续表

物品	第一年	第二年	第三年	共计	分发时间及细则
冬季洋服	2	1	0	3	第一年10月；第二年1月、10月；第三年根据磨损情况决定是否补发
夏季洋服	2	1	1	4	每年8月
冬季洋内衣	2	2	2	6	每年10月
夏季洋内衣	2	2	2	6	每年8月
短靴	2	2	2	6	每年4月、9月
洋袜	12	12	12	36	每年4月、6月、8月、10月、12月、2月各两双
鞋油	2	2	2	6	每年4月、10月各一盒
针线裁缝袋	1	0	0	1	第一年4月

资料来源：［日］大学史编纂委员会：《东亚同文书院大学史——创立八十周年纪念志》，东京：社团法人沪友会1982年版，第728页。

寝具类共计5项，均为学校出借学生使用，入学前由校方即行准备，包括：床、枕芯及枕套、被子、褥子、蚊帐。其中，《章程》对于褥子特别规定，其厚度为被子之两倍。

文具类也由校方配给，共计12类，如表2-2《东亚同文书院学生文具使用细则》所示。

表2-2　　　　　东亚同文书院学生文具及配给细则

文具名称	每年配给数	共计	配给细则
教科书	/	/	根据所需配给
墨砚	/	1	入学时出借
墨	1	3	每年9月发给
铅笔	24	72	每月发给两支
洋笔杆	/	2	第一年9月发给
洋笔头	48	144	每月发给四个
洋墨汁	6	18	/
笔记本	12	36	每年1月、4月、9月各发给4册
笔记用橡皮①	/	1	使用时出借
笔记用纸	/	/	根据需要发给

① 原文为"笔记本用鲁拉"。

续表

文具名称	每年配给数	共计	配给细则
算盘	/	1	使用时出借
吸墨纸	3	9	每年1月、4月、9月各发给1张

资料来源：[日]大学史编纂委员会：《东亚同文书院大学史——创立八十周年纪念志》，东京：社团法人沪友会1982年版，第729页。

出借物品的使用、归还和赔偿在《备考》中详细明示，《备考》中还规定，每月学校提供零用钱墨西哥鹰洋3元①，其购买力相当于目前（2006年）人民币800元左右。

四 办学条件的提升

从1904年第一届毕业生毕业，到1908年截止的东亚同文书院第1期至第5期毕业生中，已经有350名毕业生在中国工作，并且取得了相当大范围的影响，尤其在日俄战争中军功赫立，在中日商业、文化、政治往来领域也是佳绩纷呈。明治天皇得知这个情况以后，特别颁发奖励金两千日元，这是对东亚同文书院建校八年以来实现了东亚同文会兴学目的的肯定，也是这个学校莫大的荣誉。从此，每年10月8日，作为学校的纪念日，庆祝明治天皇对于学校的嘉奖。

利用这些契机，书院的办学条件也得到了提升：学校内设有七栋教学楼。学生宿舍的情况也大为改观，1902年4月和1903年6月，南寮、东寮新学生宿舍分别落成，共计三栋宿舍楼（分别为东寮十四间、北寮十二间、南寮十八间，每间平均可容纳六人居住），又扩建图书馆（早八点至晚十点自由使用），还建设了十五栋专用设施，如食堂、学友会仓库、道场（柔道、空手道等对抗运动的训练比赛场地）、医院，以及教职员俱乐部、学生俱乐部、浴室等等，甚至还修建了专门出售学生用品的商店；又在学校内铺设下水管道，装备电灯（1908年9月1日，电灯在校内正式使用）。

1903年12月，当根津一院长前往东京报告学校的情况时，自信地声称："设备之完备，已没有任何（中国的——笔者注）学校能与它相比。未来几年之内，它（东亚同文书院——笔者注）将成为该区的模范，其他各

---

① 实际上，每月零花钱的补助通常是每旬付给，只有1日元，相当于不到半个鹰洋。学生也利用日元与银元差价变动，获取汇兑差益，详见本章第二节、第三章第三节。

省亦将以该校为准则。到那时,其成绩对清国教育界将发生极大的影响,我同文会的努力便不会白费。"①

1907年12月,公布《昆仑》、《东海》、《会友》和《行动》四部分组成的院歌,由大村欣一教授作词、第5期学生石川常彦作曲②。

在这一时期,因为学校的在办学方面的卓越成绩,日益扩大的国际影响,很多重要政治、文化人物都前往书院参观、视察③。1908年1月,日本国民党党首犬养毅访华,还专门前往东亚同文书院参观④;1911年4月,日本皇室东伏见宫依仁亲王率东乡平八郎大将、乃木希典大将⑤途经上海,也专门视察了书院,并且受到了全校师生的热烈欢迎。

五 战火波及

1913年7月,"二次革命"战火延及上海。26日,革命军一部在龙华方面,一部在斜桥附近,南市的革命军司令部从南站向北转移;驻沪讨袁军司令陈其美向驻沪领事团要求撤退外国在沪居民,防止意外发生。日本领事派遣西田书记生前往书院转达革命军的安全告诫,于是书院内留守人员全部撤离到安全地带。29日,革命军出动重兵争夺江南机器局失败,停靠在黄浦江上的北军军舰向上海城区发射炮弹,多数炮弹在书院及附近爆炸,其中在书院仓库的爆炸引发大火,加之当夜大风,校舍烧毁殆尽。

---

① [美]任达:《新政革命与日本——中国,1898—1912》,李仲贤译,江苏人民出版社1998年版,第100页。

② 上海女子学校的音乐教师成田教谕对校歌进行了一些修改、补订。参见[日]大学史编纂委员会《东亚同文书院大学史——创立八十周年纪念志》,东京:社团法人沪友会1982年版,第102页。

③ 因为学校特殊的地理位置,也是东亚同文书院被要员名士光顾的重要原因。上海是日本前往欧洲的第一站,东伏见宫就是因为前往英国参加英王加冕仪式途经上海的。

④ 1929年6月26日,犬养毅和黑龙会首脑头山满参加中山陵奉安典礼,返回日本之前行前往东亚同文书院视察训话。"九·一八"事变后,犬养毅组阁(1931年12月13日),1932年5月在"五一五事变"中被激进军人刺杀,日本政党内阁时期结束。

⑤ 1905年结束的日俄战争中,海军联合舰队司令东乡平八郎海军大将和陆军第3军军长乃木希典陆军大将是主要的指挥者,此时战争刚刚结束不久,日本战胜俄国的神话如日中天,两人在日本,乃至东亚和世界范围内的,声望都非常之高。东乡平八郎和乃木希典被奉为"军神"、"圣将"、"武圣",甚至死后享祭靖国神社,当局又为其在故居等多地建"东乡神社"、"乃木神社",对于宣扬军国主义有相当大的影响。

院　歌　（明治四十年）

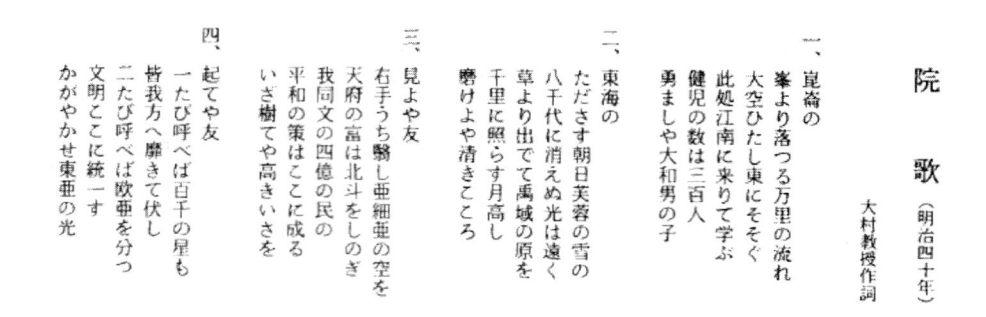

大村教授作詞

一、
崑崙の
　峯より落つる万里の流れ
大空ひたし東にそゝぐ
此処江南に来りて学ぶ
健児の数は三百人
勇ましや大和男の子

二、
東海の
　たゞさす朝日芙蓉の雪の
八千代に消えぬ光は遠く
草より出でて禹域の原を
千里に照らす月高し
磨けよや清きこゝろ

三、
見よや友
　右手うち騎し亜細亜の空を
天府の富は北斗をしのぎ
我同文の四億の民の
平和の策はこゝに成る
いざ樹てや高きいさを

四、
起てや友
　一たび呼べば百千の星も
皆我方へ靡きて伏し
二たび呼べば欧亜を分つ
文明こゝに統一す
かがやかせ東亜の光

图 2-1　东亚同文书院院歌

资料来源：［日］沪友会：《东亚同文书院大学同窗会名簿》，东京：1990 年版，第 4 页。

此时院长根津一正在东京邻近的伊豆修善寺养病。校舍全毁的消息传至日本国内，十年心血毁于一旦，院长痛哭失声，随即又不得不匆忙赶赴东京，筹划学院善后事宜。东亚同文会决定仍然在上海继续办学，在新修校舍之前，暂时前往长崎租借校舍。

1913 年 8 月，东亚同文书院租借日本国内长崎县大村町正法寺、本经寺恢复教学。暑期回到日本的二年级学生（第 12 期学生）接到开学通知书后临时前往长崎本经寺继续就学；9 月 4 日，新生（第 13 期学生）在东京参加入学仪式后，从陆路前往长崎正法寺入学。此时仍然在中国的三年级学生，已于二次革命战火爆发前的 1913 年 7 月前往中国各地进行大旅行调查，书院也就没有将其召回前往大村町校舍。

在长崎办学一个多月以后，上海校舍问题得到初步解决。1913 年 10 月，在北四川路和北站之间原英美烟草公司厂址的基础上，东亚同文书院赫斯克而路临时校舍启用。10 月 31 日，日本驻上海总领事有吉明①参加东亚同文书院新校舍开院仪式，并发表祝辞演说。根津一院长也向全体师生谈到这次校舍变迁的心路历程，对于 13 年心血毁于一战表示痛心，同时也为如此神速得以返回上海感到意外之欣喜，对相助宾客深表谢意，并且表示书院的事业前途遥远，一定一如既往地遵从东亚同文会立校宗旨，投身于中日两

---

① 有吉明被同时代的日本外交官大为称赞，"理解并同情中国的现实，努力纠正（日本）政府对华政策的轻率无知，使混乱的日中关系逐步走向正轨"；"不屈于军部的压力，努力支撑着即将倾颓的日本外交"。［日］石射猪太郎：《外交官的一生》，中央公论社 1988 年版；［日］松本重治：《上海时代》，曹振威等译，上海书店出版社 2005 年版，第 157 页。

国未尽之事业。①

赫司克而路临时校舍位于闸北之一角,校舍内还残留着大量原英美烟草公司的痕迹,包括仓库、工场、办公室等,校舍外西北部还是一片草场,可见当时此处尚属城郊之间。

新校舍虽然有很多不足,但是,东亚同文书院能够如此迅速地在上海恢复办学,学院的实力已经得到了考验,经历了一次又一次"成长的烦恼",东亚同文书院面临的是辉煌的全盛时期。

第二节 全盛时期(1915—1932)

一 徐家汇校舍

随着学校教育秩序的恢复,位于赫司克而路的临时校舍日渐局蹙,学校周边的卫生、交通条件也开始引起校方的关注,尤其是1914年农工科的开设,对于教学用地、设施都提出新的要求。得到东亚同文会允许之后,1915年9月,东亚同文书院斥资购入徐家汇虹桥路空地一块,动工修建新教舍。

修建新校舍共需要资金35万日元,其中,烧毁于二次革命期间的桂墅里校舍得到战争损害赔偿金22.5万日元;不足部分,设立东亚同文书院工事填补维持基金,基金来源主要是教职员和毕业生的捐款。②

担任新校舍修建任务的,是桑野藤三郎。此前,还有一位承包商(姓名不详),在收到预付金以后不知所终,后续人选让院长大伤脑筋。桑野藤三郎因为得到一位与根津一非常熟悉的学生的推荐,因而,院长非常慎重地考虑再三,决定委托桑野效力。1915年,24岁的桑野辞去龙川水泥公司的稳定职务,前往上海效力。桑野历尽职守,不负重望,完成使命;同时也因为东亚同文书院新校舍而扬名中日两国建筑界,此后,他主持了

---

① [日]大学史编纂委员会:《东亚同文书院大学史——创立八十周年纪念志》,社团法人沪友会1982年版,第107—108页。

② 1917年5月,在新教校舍刚刚建成以后,为了尽快募集东亚同文书院工事填补维持基金,根津一院长前往大连、金州、旅顺、营口、抚顺、奉天、安东、铁岭、吉林、哈尔滨、长春、北京、天津、济南、青岛、南京、汉口等地,联络毕业学生,拜访中日名流,取得相当满意的成绩。参见[日]大学史编纂委员会《东亚同文书院大学史》,社团法人沪友会1982年版,第113页。

新京（长春）政府大楼、上海总领事馆大楼、上海（日本）陆战队大楼、杭州车站改建、嘉兴车站、崑山车站、南京长江大堤等重大工程，并在 1969 年被授予黄绶奖章①。

桑野在资金急遽不足、语言尚有障碍、全新的工作环境中，建立起规模空前的校舍：用地 33000 平方米，主楼包括教室、事务室、研究室、图书室和礼堂；教学楼一栋；农工科研究实验室一幢；学生宿舍两幢，分为南、北两寮，各 40 间宿舍，楼下为自习室，楼上为寝室；大食堂、学生俱乐部、浴堂、医务楼各一栋；教职员住宅三幢、教职员俱乐部一幢。

1917 年 4 月 22 日，坐落于上海虹桥路 100 号的东亚同文书院新校舍落成，举行了盛大的竣工仪式。日本驻上海总领事有吉明出席仪式并朗读祝词；中国方面的上海护军使代表马鸿烈、上海商务商会代表朱葆三也发表了祝贺演说。接下来是毕业生代表第 2 期学生大野弘、教职员代表森茂、学生总代表平林正干（三年级在读学生）分别发表感言祝词，仪式以根津一院长热情洋溢的《告来宾诸位书》② 作为结束。

新校舍位于徐家汇天主堂附近，每日早晚天主堂附属天文台的钟声从学校南边传来，长乐悠悠；校舍东侧就是南洋大学③；学院附近最受学生欢迎的是"南风阁"，是一家烧烤店。当时学校每旬发给学生 1 日元零花

---

① 日本科学技术功劳者奖是日本科技厅主持颁发的一项政府奖，于 1959 年设立，每年颁发一次，分为紫绶、蓝绶、黄绶三种，黄绶奖章的获奖者必须有 30 年以上工龄，年满 50 岁以上，还必须符合下列三个条件：第一，必须有 20 年以上科技工作经历，并对促进科技发展作出杰出贡献；第二，在公共科技振兴组织中任职，并在科普教育方面做出卓越成绩；第三，以前未获得过这一奖章。

② 值得注意的是，根津一在演讲中谈到学校遭遇兵火以后各方的帮助和支援，并对师生们在此期间继续完成学业表示赞许，然后，他又提到"天作孽尚可避之，自作孽绝无可避"，一语成谶，东亚同文书院经历多次风雨战火，坚持置身事外，反复得以保全，但最终跻身盗贼，封校之灾亦随之而到。参见［日］东亚同文书院沪友同窗会编《山洲根津先生传》，根津先生传记编撰部 1930 年版，第 112—113 页。

③ 南洋大学前身是 1896 年盛宣怀主办的上海高等工业学校，直到庚子年间，北洋大学铁路专科班避难上海，"使得盛宣怀在沪上创办的这所学校悬置已久的'上院'（大学部）终于有了第一批学生"。张晓唯：《北洋大学一百一十年祭》，《读书》2006 年第 6 期。南洋大学而后又因为改隶交通部而更名为上海交通大学，抗日战争爆发以后，东亚同文书院校舍再次毁于战火，而交通大学的校舍受损不大，故东亚同文书院占用交通大学校舍教学长达 5 年，直至战败闭校。南洋大学以"中体西用"为宗旨，以培养工程技术人才为主要目的。参见［韩］郑文祥《1920 年代上海的大学与学生文化》，《史林》2004 年第 4 期。

钱，同乡会（县人会）和学生组织经常去虹口的安田、千叶风味的日本烧烤店，菜肴种类比较简单却可以吃得尽兴，甚至经常醉酒后回到宿舍喧嚣不止①。1918 年前后，南风阁为了招揽生意，向日本学生提供赊账服务，即很多学生回忆中的"写一写"，从此日本学生大多前往这家餐馆聚会。

学院新校舍周边自然环境非常适宜读书，每天早上七点前后，一年级的学生早早起来打扫食堂以后，书院之中朗朗的"你要那个，我要这个"练习汉语的声音此起彼伏，早晚两次朗诵的时间，因为大家都在"阿——阿——喀——喀——"的练习发音，尤其与日本国内的乌鸦叫声相似（在日本，乌鸦并不是不吉利的象征），因此这也成为书院"七大不可思议事"之一，被称为"南京鸦"②。每天早上一百多年轻学生同时朗读，学校周围都能听见。③ 高年级学生也利用朗诵的机会帮助低年级学生的外语（汉语）学习，加之学校坚持从服装到日常起居生活的有序管理，上课出勤检查相当严格，校风多为学界表扬、学习。

1923 年 11 月，徐家汇新校舍继续修建部分的图书馆、书库、医院、学生会馆相继竣工。

图书馆是水泥砖瓦二层结构，140 坪④。一楼是支那研究部各教授研究室；二楼是学生阅览室和办公室；另外专门修建的专业防火式三层楼书库，一层为欧美文字"洋书"，二层是日文书和贵重书记，三层是中文书。⑤ 到 1937 年 11 月，图书馆遭战火焚毁为止，日文书 25000 册以上，

---

① 学生宿舍自治会规定，禁止带酒回宿舍、禁止醉酒后回到宿舍喧嚣，以免影响其他同学学习、生活，但是碰到这种情况，通常都会网开一面，也有学生回忆，禁止带食物会宿舍的规定实行得并不严格，以至于有人用洗脸盆将白酒带回宿舍。但规定一旦严格执行，学生和舍监之间的关系就会急剧恶化，导致冲突升级直至罢课的都时有发生。参见［日］大学史编纂委员会《东亚同文书院大学史》，社团法人沪友会 1982 年版，第 456、553 页。

② ［日］大学史编纂委员会：《东亚同文书院大学史》，社团法人沪友会 1982 年版，第 548 页。

③ ［日］西所正道：《上海东亚同文书院风云录》，株式会社角川书店 2001 年版，第 31 页。

④ 日本"坪"相当于 3.306 平方米。

⑤ ［日］大学史编纂委员会：《东亚同文书院大学史》，社团法人沪友会 1982 年版，第 122 页。

中文书 52000 册以上，西文书 8200 册，共计 85300 余册。①

医院也采用水泥砖瓦二层结构，137 坪。一楼是诊断室、药房、外科室、显微镜室、齿科室、患者休息室和办公事务室；楼上是病室、护士休息室。②

学生会馆采用两层砖瓦结构，建筑面积 154 坪，一楼是茶座、娱乐室、社交室、接待室、理发室、摄影暗室，二楼是演讲、音乐会使用的大教室。

为了修建医院、学生会馆、图书馆、书库这些设施，书院再次购入了主楼东、北、西三个方向的土地，学校的校园规模更加大了。学校在上海乃至全中国的影响不断提升，以至于印度诗人泰戈尔 1924 年 7 月访华时，竟前往这所日本在中国开设的大学中演讲③，一时传为新闻，足可见东亚同文书院当时在学界之地位。

1928 年 7 月、8 月，校方又陆续改建了学校食堂、大浴室；1929 年秋，新运动场修建竣工，这是在中华学生部西南侧 33000 平方米的新购入土地上修建的。新修部分包括跑道、棒球场、足球场，不久前还有加设新网球场两处；学校此前陆续完工的体育设施还有中华学生部西侧硬式网球场；学生南寮东南部的软式网球场、机械体操场；新教学楼前的武道场和摔跤场；新教学楼后的弓箭射击场；学生新寮、西寮④之间的篮球场、排球场。东亚同文书院体育运动设施方面的完备程度⑤，和当代大学相比，

---

① 在 1938 年 1 月日军侵略上海期间，除一部分贵重图书被转移他处得以保存外，原有的图书遭遇大火损失殆尽；大内畅三校长对于恢复图书馆的藏书非常热心，向银行、企业筹集资金 30 万日元，以及校友会近 10 万元的捐款，共 40 万日元购买书籍，另外上海居留民团、大连满铁图书馆、沈阳满铁图书馆捐献了相当数量的图书，到 1945 年战败闭校时，已经恢复原有规模之大半，其中日文书 2 万册，中文书 4 万册，西文书 5000 册。珍稀藏本包括：曾国藩部下赵烈文的"旧天放楼"藏书、日本学者大谷光瑞和村上贞吉在大海设立的"东亚攻究会"的所有藏书，甚至贵重的中国府县志也达到了 1300 多种。

② 1928 年因为学校内急性肠炎盛行，学生陆续蜂拥出现病症，以至于不仅新修好的医院全部住满，临时改建第十、十一、十三教室作为临时病房，考试也被迫延期举行；在校方决定隔离传播源，医院及时诊断治疗的努力之下，患病学生逐渐恢复正常。

③ ［日］大学史编纂委员会：《东亚同文书院大学史》，社团法人沪友会 1982 年版，第 123 页。

④ 两栋学生宿舍落成的时间均为 1925 年 9 月。

⑤ 1933 年，又新建了体育馆和游泳池。

也是毫不逊色的。

二　农工科的兴废

1914年9月，第14期学生入学的时候，学院又开设了一个新的专业，即为了研究中国出产的各种农矿产品，为了向制造业、精制加工工业输送人才的农工科。和原有的政治科、商业科有些不同，农工科需要相当规模的投资才能得以实现，如实验室、机器、仪器设备、专任教师，从农工科的课程设置上也能反映对投入资金的强烈需求。而同一时期，东亚同文书院因为校舍被战火焚毁，正在准备巨额资金筹办新校舍，还能有如此大的投入来兴办新兴学科，这也足够彰显东亚同文书院在这一时期的发展态势。

农工科分为两个教学部，第一教学部为制造化学科，招生规模为30名；第二教学部为采矿冶金科，招生定员也是30名。学习时间均为3年，课程设置上，两部基础课程基本相同，包括：伦理、中国语、英语、时文、汉文尺牍、中国制度、中国地理、中国商业习惯、商业通论、会计学；在专业课程上，两部也有一部分相同，包括：有机无机化学、地质矿物、机械工学、电器工学、冶金学、制造化学、分析及实验；制造化学科自有专业课程有：应用动植物学、农业泛论、农产制造学、电气化学；采矿冶金科自有课程有：采矿学、制图。①

农工科开设时间不是太长，仅仅8年就宣布关闭，培养毕业生六届（第14期至第19期），共计60名，其中第一部制造化学科25名，第二部采矿冶金科35名。

农工科关闭的主要原因是维持该学科所需资金太大，学院无法长期独立支撑。1920年，第一次世界大战结束以后迅速爆发的日本经济危机，导致日元急剧贬值，东亚同文书院正常教育经费告罄，财政状况顿时窘迫。4月，校方经讨论决定停止招收农工科学生。

出乎校方意料之外，这个决定导致学生罢课的爆发。三年级学生因为6月份即将毕业，所受影响不大，而一年级（第19期学生）和二年级（第18期学生）因为涉及专业调整的影响，所学科目和课程都要发生变

---

① ［日］大学史编纂委员会：《东亚同文书院大学史——创立八十周年纪念志》，社团法人沪友会1982年版，第109页。

化，正常的学习计划有所改变，因此强烈要求学校改变取消农工科的决定，并且取得政治科和商业科学生的共鸣。由于学校态度强硬，以至于突然爆发学生罢课事件。学校措手不及，学生团体在要求维持农工科教学的基础上，进一步要求学校进行改革，改善学校经营，追究根津一院长的行政责任；同时，学校的住宿制度继续成为学生与学校冲突的重要根源①，学生强烈要求罢免真岛教头和宇治田寮监②。学院被迫请求在上海工作的农工科毕业生回校调停，终于取得大多数学生的首肯，同意转入商业科继续学业。根津一院长在此间发挥了极其重要的作用，没有一名罢课参与者受到处罚，甚至最后因为院长的真诚感动，学生和老院长相拥而泣。

1920 年，农工科停止招收新生，大部分学生转入其他专业，部分学生继续本专业学习；1922 年，第 19 期学生毕业后，农工科被宣布取消。

三 黄金十年中的几次庆典

1920—1930 年，是中国经济发展历史上的黄金十年，对于东亚同文书院而言，恰恰也是在这十年发展得极其顺利。有几次盛大的典礼装点在这十年当中，既是在彰显学校的实力，也为润物无声的大学教育史点缀了星星亮点。

1920 年是东亚同文书院成立 20 周年的庆典，也是院长根津一六十花甲大寿。10 月 24 日，东亚同文书院同时举行了盛大的"根津院长还历③祝典"和"二十周年纪念典礼"。

这一天天气晴朗，在校门口用鲜花筑起"祝贺"两个大字；在主楼正面的屋顶上（屋顶为哥特式建筑倾斜屋顶），用彩色鲜花拼出八个大字："经天纬地，黼黻文章"；东边是搭起的帐篷，乐队在此间演奏；西

---

① 此前的 1910 年，学生因为住宿问题已经和学校发生冲突，最后导致第一次学生罢课爆发。详细内容参见第三章第三节。

② ［日］大学史编纂委员会：《东亚同文书院大学史》，社团法人沪友会 1982 年版，第 117 页。

③ 日语中"還暦"（还历），又称"本卦還"，相当于汉语中的"花甲"、"一甲子"，因为干支六十年一循环，所以 61 岁（旧算法出生时一岁）的时候干支第一次回到出生时的纪年，所以"還暦"指的就是 61 岁的生日。

南角是临时舞台,用红白布①装饰。

庆典正式开始前,先举行了揭匾仪式,以"后乐"两字为匾文,紧接着音乐、舞蹈、爆竹声四起。"后乐"既是寓意着"先天下之忧而忧,后天下之乐而乐",也蕴含着学校发展已经步入无虞之境,院长多年劳苦收到成效,可以怡然而治了。

上午十点,"根津院长还历祝典"正式开始,祝典主持人宣布开始以后,首先是第1期毕业生坂田长平赠送纪念品,宣读了东亚同文会锅岛直夫总裁、牧野伸显会长的贺电;日本在上海居留民民团长樱木祝辞,第1期学生、校友会代表远藤保雄祝辞;日本驻上海副领事林出贤次郎②宣读了上海各界的贺电;教职员代表青木乔、学生代表第18期学生原吉平也发表了贺辞。接下来,根津一在林出贤次郎陪同下,登上讲坛,发表答辞后,全体学生齐唱由教授大村欣一作词的《根津院长还历祝贺之歌》结束祝典。③

同一天晚些时候,举行了东亚同文书院建校20周年庆典。根津一院长宣布庆典开始以后,宣读了天皇敕语,然后是东亚同文会锅岛直夫总裁、牧野伸显会长、日本驻中国公使小幡酉吉等人的贺电,嘉宾代表、日本驻上海代理总领事山崎馨一和北洋政府外交部驻沪交涉使杨晟登台发表演讲;校友会总部、支部、教职员工代表、学生代表致贺辞,院长再致答辞,在全体合唱院歌声中,大会结束,转入第二大楼的大客厅中用中餐。就餐者齐呼"学员万岁"三声后,盛宴开始。校方还在第三大楼内设置了模拟店,出售各种纪念品。晚上,教职员、毕业生和在校学生一起用晚餐,在其乐融融的聚餐中,"晚餐会成了舞蹈会,高兴的歌声、叫喊声、万岁声轰鸣,喧嚣无尽"④。

1920年20周年庆典之时,由校友会倡议、出资,为了纪念学校毕业生超过3000名,并且怀念那些因为学业、调查、工作在中国去世的同仁,

---

① 日本民族使用红色和白色代表吉祥,每年新年的联欢会被称为"红白歌会",这一点与中国、西方都有一些不同。

② 参见本书第三章第四节。

③ [日]东亚同文书院沪友同窗会编:《山洲根津先生传》,根津先生传记编撰部1930年版,第123—129页。

④ 同上书,第130页。

决定修建"沪游同人靖亚表绍之塔",于 1923 年 10 月完工①,并于同月 30 日举行了日本风俗的镇魂祭典。"靖亚表绍塔"修建与东亚同文书院院内图书馆前,采用青岛产花岗岩三星霜制成。塔前碑文由根津一院长书写,采用铜板浮雕制成,碑文如下:

  人之性也,仁义而已。居仁由义,以贯毕生。则人生之事,可任无憾矣。我书院之方兴,正东亚临危之秋,志士仁人,不忍任视,慨然以靖东亚、贡献世界和平起见。初设以来,同人负笈来游者,咸笃体本旨。其教课,或学理,或实验,则阐幽显微,登峰造极。其心体力行,则入虎穴、探龙颔,穷究遂尽,顾当其初宗旨高远,或目为迂阔。旋物议渐定,我同人始终一贯安危不渝,而一旦豁然贯通,体用兼备。顾毕业从事,果敢直前,如矢之赴的焉。易曰:同人于野,亨,利涉大川。盖我同人之谓乎?虽然植身万里,处乎异域,乾乾惕若,心身交瘁,固有罹病殒命者悼哉。我书院几经困困,而卒能通塞达泰者,实先逝同人以身殉道与有力焉。今值书院创立二十年纪念,同志者佥谋建塔表彰其绩,以传不朽,俾后来者观感兴起,继竟阙志,岂不伟欤休哉!铭曰:
  龙蛇起陆 戾气郁攸 杰士殉道 实有深忧
  情诚感格 克展徽猷 灵兮下泯 永靖亚洲
  大正九年十月下澣 东亚同文书院院长 根津一撰②

碑文虽多有过誉之辞,但是把日本人最初来中国之艰辛困苦,20 年来事业之有成,都予以了说明。根津一离开学校以后,回到阔别二十多年的京都桃山隐居。1924 年 2 月,大正天皇破例授予根津氏勋二等;1927 年 2 月 18 日根津一逝世,享年 67 岁;东京日日新闻、上海日报、大阪朝日新闻、大阪每日新闻、北京新闻、东京朝日新闻等媒体先后发表追思和生平介绍③,26 日在上海日本人俱乐部举行根津先生追悼会,众宾云集,

---

① 在此前的 1923 年 3 月,根津一退休,大津麟平接任院长。
② [日] 大学史编纂委员会:《东亚同文书院大学史》,社团法人沪友会 1982 年版,第 122 页。
③ [日] 东亚同文书院沪友同窗会编:《山洲根津先生传》,根津先生传记编撰部,1930 年版,第 171—176 页。

诚为感人。

1928 年，东亚同文书院开设学校专用公共汽车，由新调开往虹口地区，这也是中国近代教育史上第一次开行学校专用公共汽车。

1930 年，是东亚同文书院成立 30 周年的纪念。该年 5 月 18 日，院长近卫文麿、东亚同文会理事大内畅三、一宫房治郎，会同在上海的外国友人、东亚同文书院校友会会员共计 400 余人参加了盛大的庆典仪式。与 20 周年纪念略微不同的是这次校旗①飞扬，并且发行了《东亚同文书院成立三十周年纪念志》；另外，在参与者之中，中国方面没有派出政府人员代表，只有与东亚同文书院、东亚同文会个人关系比较密切的人员出席。

在庆典上，依照日本企业伦理的习惯，对于长期在东亚同文书院工作的山田岳阳教授、事务员船户一郎、石田明二两②，以及中国人在书院工作 30 年的教师述功③，在书院工作 20 年以上两位（其中一位是教师朱荫成，另一位待考），在书院工作十年以上中国人共有 13 名，均予以银圆一份以及感谢（奖）状，以示其常年之辛劳。

庆典之后，近卫文麿主持了根津先生铜像揭幕仪式。铜像由日本著名艺术家清水多嘉示设计制作，规格略大于真人，两米左右，立于花岗岩上，位于书院主楼广场中央，尤显瞩目。④ 同时发行《山洲根津先生传》，

---

① 1921 年，东亚同文书院校方公布校旗的方案，紫色底色旗中央镶金丝"同文"二字。

② 《东亚同文书院大学史》记载这三位是"永年勤续"，意味着这三位日本人长期在书院工作，但是根据本书第三章第二节有关教师的统计，教授山田岳阳最早的记载是在 1921 年。按，山田岳阳即山田谦吉，"岳阳"应是其号，其兄即第 1 期学生山田胜治（号"饮江"）。山田谦吉 1916 年才从东京二松学舍毕业后前往中国，本来希望在中国发行中文报纸，但是似乎没有成功。1917 年主笔《亚洲日报》；1918 年因为"春申社"首脑西本白川的推荐成为东亚同文书院教授。此后，山田谦吉深得根津院长照顾、指导和信任，对其儒教立学精髓深表引以为同，被视为根津院长精神的继承人。山田谦吉、"永年勤续"和下文中国教师受赏部分，分别参见［日］大学史编纂委员会：《东亚同文书院大学史》，社团法人沪友会 1982 年版，第 129、265—266 页。

③ 根据本书第三章第二节有关教师的统计，述功在东亚同文书院教授汉语时间开始于 1908 年之前，至晚 1930 年仍然在学院教学，但是这位"连续在书院工作三十年"的中国人，《东亚同文书院大学史》记载上并没有注明是教师，也有可能是后勤、行政人员，比如说主管食堂的李方源，从 1901 年开校就承包学校伙食，一直到 1923 年退休，由其长子李敦秀继承。如果述功不在"三十年赏"之列，那么"二十年赏"两位中的另一位就一定是述功。

④ 因为铜在战时是紧缺物资，1944 年 12 月 24 日，铜像被校方捐献与日本军方。31 日，也就是 7 天之后，对于战争态度比较消极的卸任院长大内畅三在东京突然去世（关于大内畅三反战的态度可参见本节下文）。

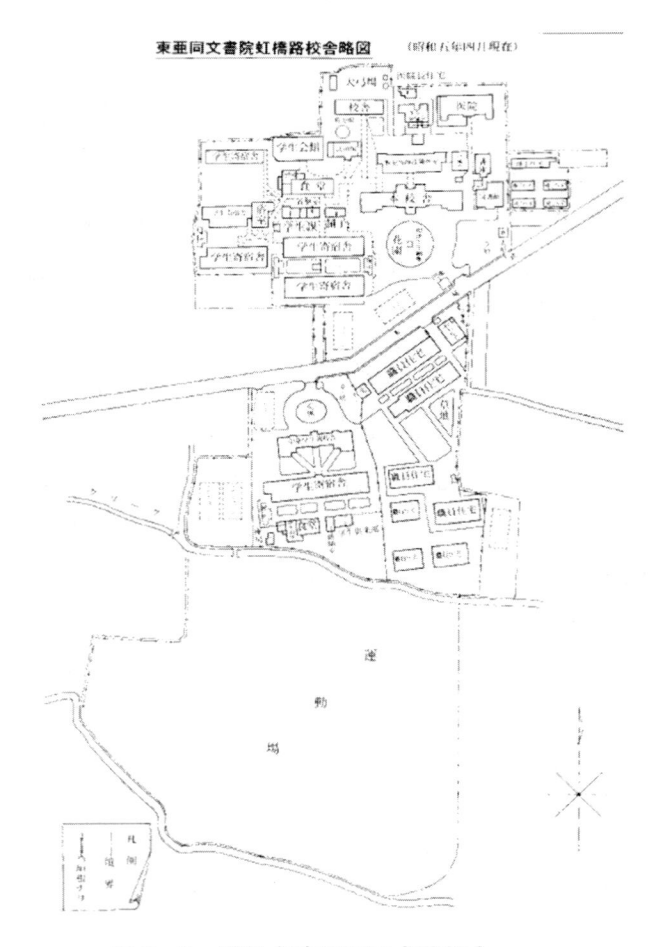

图2-2　1930年东亚同文书院校舍

资料来源：［日］财团法人霞山会：《东亚同文会史·昭和编》，财团法人霞山会2003年版，文前插图第5页。

由深得根津一厚爱的山田谦吉教授主笔，久保田正三教授（原第16期学生）、小竹文夫教授（原第19期学生）参与整理，日本首相犬养毅亲自题写书名。

这一天，在学院主楼大礼堂，还有中国各地风物摄影展，珍品研究资料、图书资料展，商品室也开放参观。学生开展了寮祭、探宝、福引、相扑、音乐演奏等相当有日本特色的活动。这次庆典受到多方面的关注和参与，以至于第二天（19日）仍在延续。

四 1930 年大罢课事件

20 世纪 20 年代，中国学校内的学生运动似乎从来没有停止过，虽然主要多是因为政治原因，"新学生过问政治似乎是不可免的事了"①，但也不乏学校自身制度、组织建设的刺激。东亚同文书院在这样的时代气氛之中，即使学校自身的发展相当顺利，仍然避免不了学生运动的爆发，导致接连不断的罢课，而这些往往只是针对校方，因此，对于学校自身的冲击规模甚至远远超过其他学校的普通罢课。

就在书院 30 周年纪念余兴未了的时候，1930 年 6 月 6 日，学生大会召开，向学校提出四点改革意见。

一、书院没有改革的诚意，因此要求副院长冈上梁②、教头古川邦彦③辞职；
二、淘汰没有学术良心的教授；
三、废除现行学生用品给付制度④，明示学校会计账簿；
四、彻底改善营利的学校信用购买制度。

这份意见书的关键是第三项内容，因为当时银价暴跌，日元升值，1 日元可以兑换法币 2 元甚至 2 元 4 角，但是校方却把向学生支付每周 1 日元改为每周 1 元法币，并声称是东亚同文会在汇率收益中取得利益，这引起学生的非常大的不满。⑤

意见公布之后，古川教头立即辞职。在山田谦吉、马场锹太郎、森泽磊五郎的出面调停下，其他的要求交付下学期教授会进行讨论。学生大会表示接受调停斡旋。

---

① 吕芳上：《从学生运动到运动学生》，台北"中研院"近代史研究所 1994 年版，第 157 页。
② 1926 年 5 月，大津麟平院长辞职，东亚同文会副会长近卫文麿继任院长，冈上梁任副院长。因为近卫文麿长期滞留日本，冈上梁才是实际的学院负责人。
③ 1927 年 6 月就任。
④ 最初的学生供给品制度和购买组合制度详见本章第一节，施行近三十年并引起学生反对；学生反对的是 1929 年 4 月以后，重新制定的学生供给品制度和购买组合制度。
⑤ 学生通过汇率差异取得格外收入的行为，早已有之，可参见本书第三章第三节。

同年9月暑假结束以后，东亚同文书院召开了教授会，对于学生的其他要求，设立三个专门委员会予以调查和处理，分别是：学科课程及教授调查委员会、信用购买组合制度调查委员会、学费及支给品制度调查委员会，同时在学生大会中设立相应的三委员会，以便交流沟通。

通过两个月的调查和沟通，校方和学生对于第一、第二项内容取得共识；对于第四项有关信用组合制度的改善，双方同意在时间表内逐步解决；但是，在第三项内容的讨论中，校方认为学生越权干涉学校的管理，没有予以正面的答复。

11月20日晚8时，学生大会召开，因为学校对于第三项内容仍然不予以正面回答，学生大会动议对罢课进行表决，表决持续到21日凌晨2时，最后，赞成票172张，反对票9张，通过当日立即采取罢课的决议；同时要求教职员全部退出学校，严禁出入学校。22日，校方宣布如果学生决定无限期罢课，要求学生在两周以内退出学生宿舍。

事态急转直下，校方遵循以往的惯例，邀请校友会毕业生出面调停，问题中心集中到有关学费55日元中，到底有多少是用于学生身上。校方解释是：学费部分，涉及出资的各府县与东亚同文会的契约关系问题，不仅仅是学校的会计制度问题。

26日，学生大会再次召开。与此同时，应校方的邀请，以第1期学生福田千代作为会长的、学生柔道部毕业生组成的"武勇会"出面，要求柔道部学生退出学生大会罢课统制部下属的纠察队，而这些学生正是纠察队的主力队员，造成学生内部对于罢课问题的态度发生摇摆。学生大会再次动议，对于是否继续罢课进行投票。结果和第一次的情况大相径庭，赞成停止罢课的多达百余票，同时也要求学校不能因为罢课事件处理学生运动领袖。学校正式公布请求校友会支部出面调停事宜。

因为这次学生罢课直接针对校方主管，校方在讨论是否严厉处分罢课运动学生领袖问题上不同意一律开释，学生因此将学校情况投书学校主管机构日本外务省，日本驻上海总领事村井仓松、日本驻中国代理公使重光葵通过外务省向东亚同文会去函，要求迅速解决罢课问题。冈上梁副院长亲自前往日本驻上海总领事馆说明事态，并于12月2日宣布，所有学生的停学处分无条件废除。12月3日，学生大会宣布对罢课表示遗憾，希望今后与学校在校务改革问题上以协商方式解决。4日，学校恢复正常教学。

东亚同文书院的这次罢课风波，从根源而言，是学生对于东亚同文会资金使用问题上的意见表达未能畅通所致，与社会问题毫无关系；从11月21日罢课，到26日停止罢课动议通过，时间上也仅仅只有6天，没有足够的理由引起社会的关注。在学校而言，这次罢课最终导致1931年1月冈上梁副院长辞职，大内畅三前往上海代理院长①。

然而放眼于学校教育制度的革新而言，学生罢课事件正面意义远远大于负面的影响，书院的黄金时期在经历了一次不小的风波以后，仍然得以维持，这是与其他学校罢课对于学校的影响而有所不同的。简而言之，东亚同文书院的黄金时期并不因为几次罢课而逊色，反而更加灼新耀眼；然而，正是因为沉浸于这种乐观的期望之中，而没有意识到一股潜流正在升起，并且裹挟着1亿日本人民，走向黑暗之中。

五　战火重燃

1927年，国民革命军北伐至上海。3月21日，在中国共产党的组织、促成下，第三次工人罢工成功，国民革命军取得上海市政权。

由于战争的原因，市内秩序一时相当混乱，23日，东亚同文书院校方责成教头青木乔担任新组建的警备委员会委员长，日本驻上海陆战队派遣士兵前往东亚同文书院担负警备任务②；24日，全体学生被组编成学生警备队。这是东亚同文书院第一次全体学生参加军事任务。24日，日本驻上海陆战队向东亚同文书院提出，因为需要收容、整编沪西、闸北投降的山东军队，陆战队需要相当数量的中文翻译，所以请全部四年级学生出动。"投降的山东军队将武器全部交出，陆战队向每人支付银圆二十元，大饼两张。担任翻译任务的学生，从租界到大连汽船码头厂，一直要负责到这些士兵乘坐上'西京丸'号向山东返航为止。"③ 随着时局逐渐安定，1927年5月8日，学院组织慰劳驻扎在学校的陆战队队员，9日，警备任

---

①　但是，值得注意的是，这次大罢课事件牵连到当年12月爆发的第一次学生检举事件，部分学生运动领袖为此受到相当严格的处分。详见本书第三章第三节。

②　值得注意的是，在1932年淞沪会战结束以后，日本借战争之机，占领了上海租界东区和北区，并且逐步构筑了以日本驻上海海军陆战队司令部为核心的工事系统，并在这一区域内以海军陆战队取代租界巡捕。费成康：《中国租界史》，上海社会科学院出版社1998年版，第273页。

③　[日] 大学史编纂委员会：《东亚同文书院大学史》，社团法人沪友会1982年版，第126页。

务结束。北伐引起的战备动员，正为1932年、1937年两次"上海事变"提供了动员的经验，这是校方、学生、陆战队，甚至中国各方，绝无可能提前想到的。

1932年1月，"第一次上海事变"爆发。日军侵略上海直接的军事和战略目的是，日本军部方面希望通过在中国其他地区爆发武装冲突，转移各国在中国东北的注意力。"九·一八"事变之后，日本先后在山东、河北秦皇岛、湖北、江苏江阴等地区发动小股武装挑衅，都没有达到预期的效果。1932年1月5日，关东军参谋总长板垣征四郎从东北飞回东京，向日军参谋本部汇报关东军准备在上海发动战争以转移国际视线的构思。参谋本部很快对上海计划采取了默许的态度，板垣随即电令日本驻上海特务首脑的田中隆吉："满洲事变按预计发展……请利用当前中日间紧张局面进行你策划之事变，使列强目光转向上海。"1932年1月18日下午4点多钟，日本僧人天崎启升、水上秀雄和浪人藤村国吉、后藤芳平、黑岩浅次郎，化缘经过三友社毛巾厂门口时，与中国工人爆发冲突，其间二人受轻伤逃走，其余三人被赶来的警察送入医院抢救，结果一名僧人重伤不治在医院里死亡，日本驻上海总领事村井马上向上海市政府提出抗议，并且提出四项要求：（1）上海市市长须向日本总领事表示道歉之意；（2）加害者之搜查逮捕处罚，应迅即切实履行；（3）对于被害者5名，须予以医药费及抚慰金；（4）关于排日、侮日之非法越轨行动一概予以取缔。如果不答应四项要求，日本舰队就要全部封锁黄浦江航运。上海市市长吴铁城当时表示，前三条可以答应，但是第四项作为地方政府的上海政府无法作出回答，要经过南京政府指示。[①] 另外，有不少著作都提出了另外一个也相当重要的原因，那就是30年代开始，上海成为"当时中国抗日民

---

① 《"一·二八"抗战》，《军事历史》2006年第1期；韩明华：《"一面抵抗一面交涉"方针和淞沪抗战的失败》，《上海大学学报》（社会科学版）1998年第2期；张骏：《南京政府与一·二八淞沪抗战》，《军事历史研究》1992年第4期；上海社会科学院历史研究所编：《"九·一八"—"一·二八"上海军民抗日运动史料》，上海社会科学院出版社1986年版，第174—177、178、182、185页；余子道：《抵抗与妥协的两重奏——一·二八淞沪抗战》，广西师范大学出版社1994年版，第20—28页。

族解放运动的核心地带",这使得日本军方选择上海作为军事突破口。①

1932年1月26日晚9时,代理院长马场锹太郎被邀请到日本人俱乐部,日本驻上海陆战队指挥官鲛岛提醒代理院长:"(如果爆发战争,)日本在上海的军队无法保护学院,书院需要自行前往内外棉第一工厂避难。"②

27日,校方指定学生自治委员会开始准备避难事宜,委员会召开紧急会议后,商定学生编组和区域划分等等;而此时的上海,租界内最高行政机构工部局召开各国驻军部队长官商议各国军队警备区域;日本驻上海总领事村井仓松根据日本外务省的指令,向上海市市长吴铁城发出干涉中国内政的最后通牒,要求28日18点前全部满足日方的要求;战争已经箭在弦上,一触即发。

28日中午,学生自治委员会向全体学生发表公告,通知前往内外棉工厂避难,要求携带毛巾两块和必要的日常用品;同时,校方将校内的重要书籍转移到法租界内的自然科学研究所③。下午三点,小学生提前吃晚饭,四点出发,徒步前往租界内的两所小学中暂时避难。教职员在学校将教室、办公室和学生宿舍的房门钉死后,除李德葆为首的十余位中国雇员外,于晚七点全部撤离学校前往内外棉工厂。学校交由工部局派来的20位印度巡查戒备,十余位中国雇员负责督促,并向日方随时报告校舍情况。④

日本军方考虑到前次学生作为警备队的经验,1月29日凌晨7时,日本驻上海军警备委员会前往学校临时避难所,要求增派学生100名协助筑

---

① [日]依田熹家:《日本帝国主义研究》,卞立强等译,上海远东出版社2004年版,第26页;王振德:《新编第二次世界大战史(1937—1945)》,社会科学文献出版社2006年版,第12页。

② [日]大学史编纂委员会:《东亚同文书院大学史》,社团法人沪友会1982年版,第137页。

③ 上海自然科学研究所成立于1931年9月16日,利用的是日本政府退还庚子赔款中的一部分经费,但是该研究所仅仅为日方的研究机构,并非促进中国教育事业成立之机构。主要研究的是中国的鱼类、鸟类,尤其注重的是长江流域的珍稀鱼类(如扬子鳄)的资料收集工作。

④ 关于转移的具体情况,《续对支回顾录》记载略有不同:27日晚上,校方接到命令,迅速转移到日军的守备区域,因为准备仓促,只好先将教职员家属,然后是教职员和学生分别转移到内外棉花会社的大食堂。[日]东亚同文会:《续对支回顾录·列传·大内畅三》,下卷,原书房1973年版,第677页。

建战地工事（装沙包土囊）。学生监督马场锹太郎和学生自治委员会商议，决定采用自愿报名前往的方式，不强制学生参与。远远出乎众人意料的是，竟有两百多名学生报名。野崎骏平教授受命带领学生从租界西部小学前往租界中部小学校园内制作和运输土囊。在制作中，因为麻袋不足，学生前往日本人俱乐部索取，而遇到日本军人要求学生前往作战第一线，院长大内畅三立即命令学院教头和田喜八拜访总领事村井仓松，要求制止学生前往战场，村井对此也表示赞同，特意嘱命上海部队司令官不得指示学生前往战场，并且应大内畅三的要求，停止学生后援工作，要求全部回到学校避难的内外棉工厂。学生对于撤离表示强烈反对，大内畅三回忆当时的情形，仍然心有余悸：

> 这次回到上海以后①，强硬意见已经占了上风。书院的学生很多要参加军队的义勇军，我对此表示反对，那些人竟然咆哮"大内是一个奇怪的奴才，先把他杀了祭旗再说"。甚至有人提着刀来追杀我。我只好把所有的学生先召集到讲堂，向他们呼吁："明治大帝诏告：国家以战立国，别无二途。这在以前极是，但是现在时代已经变了，今天的时势是分工才能精诚报国。农家有农家的方式，司机有司机的方式，大家尽职尽责奉公而已。农家把锄头丢了，使用商人的算盘，国家的法令就完蛋了。大家这样要前往战场，表面上是忠义之士，实际上是国家的乱民。你们本来被关照来学习与中国有关的商业学，却犹豫于参军入伍，是忘记了自己的身份。国家的命运到头了！要去参战的举动，都是不忠义的行为。本院长决不允许任何人未经许可前往战场，强行离开者一律以退学处理。教职员此间在行动自由上也与学生一样对待。"②

幸好演讲结束的时候，接学生前往内外棉花会社的汽车来了，于是在场全体师生一起离开校园，前往安全地带避难。

30日，警备委员会再次要求学生前往，大内畅三当场拒绝，日本在华侨民委员会对此非常不满，校内的反对声也更加浩大。尤其是第17期

---

① 指1932年1月27日，大内畅三和干事久保田正三结束对中国东北的考察工作回到上海。
② ［日］东亚同文会：《续对支回顾录·列传·大内畅三》，原书房1973年版，第678页。

学生、柔道部学长鹫崎研太开着大客车前往学院避难的内外棉工厂，号召学生前往战场，以此维护书院的荣誉。五十多名学生因此再次出动，校方只好采取默许的态度。学生到达虹口以后，运输战争物资、制作土囊工事、在市内巡逻，当晚，在日本人俱乐部休息，结果被陆战队的重机关枪声震得整晚无法入睡，31日工作和30日一样，学生都疲惫不堪，纷纷要求回内外棉工厂休息，于31日晚间全部返回。

但是，在内外棉工厂避难也逐渐难以为继。原来与学院食堂关系密切的中国人，均宣布对日本人不再出售粮食、蔬菜和相关食品等，以至于此间数百人的饮食成为无法解决的问题。2月2日，大内畅三院长拜访日本驻中国公使重光葵和总领事村井仓松，一致认为在这样的情况下，学员最好全部返回日本。商议结果是：妇女、儿童和生病的学生于3日乘坐邮船"生驹丸"；其他人员于4日①乘坐"上海丸"回国。院长大内畅三等五人暂时留在上海有恒路八代馆临时事务所办公，返日学生暂时安顿在长崎东本愿寺别院，校方在福屋旅馆办公，筹备第28期学生毕业、就业等事宜。②

3月24日，校方宣布返回上海，并通知寒假返乡中的教职员和学生；4月，东亚同文书院第二次自长崎返回上海；18日举行了复归仪式。③维持学校的印度雇员和中方雇员得到上海徐家汇警察分署的协助，除物产馆和学生购买组合（学生用品商店）遭轻微损害，校舍整体安然无恙。1933年1月28日，书院举行事变一周年纪念，宣布此后每年此日，学校全体师生要"一同吃一次杂炊"④，以示不忘战争带来之灾难。

1932年这次危机中，相比1927年返回长崎临时办学，这一次，书院甚至决定返回日本办学，也可见对于在华办学已经受到重大挑战。中日间关系的恶化已经无可弥补，书院的发展已经失去土壤；此后的几年，书院固然得到不少新的发展，但是，在专业领域，譬如大旅行调查的范围、与

---

① 后因为该船到港时间延迟，5日上午才出发。
② 在此期间，因为对战争持续时间无法预测，校方曾经准备在日本内地长期办学，为此，2月28日，大内院长前往东京与东亚同文会商议此事；3月下旬，日本借"一·二八"事变转移各国关注的目的达到，时局逐渐明朗，书院遂返回上海。
③ 因为零星战斗时有发生，学生被禁止随意离开学校，但是日常教学全部恢复。
④ [日] 大学史编纂委员会：《东亚同文书院大学史》，社团法人沪友会1982年版，第141页。

其他中国研究机构的关系,尤其是与作为研究对象——中国——的关系,已经步入兵戎相向的苦境,全盛期的结束确实无从避免了。

第三节 战争时期(1932—1945)

一 靖亚神社

"九·一八"事变和"一·二八"事变以后,日本对中国的侵略步步紧逼。而在日本国内,相继爆发的"三月事件"、"十月事件"、"血盟团事件"、"五一五事件"、"神兵队事件"、"十一月事件"和"相泽事件",直到1936年的"二二六事件",标志着军国主义的力量侵入社会主流思想,"政党政治的没落,为法西斯上台,即实现军部独裁铺平了道路"。[1]

---

[1] "三月事件"是1931年3月,桥本欣五郎和大川周明策划:计划先由大川等发动并领导一个旨在对议会和政党表示不满的群众大示威,桥本把陆军演习用的300个炸弹交给了大川,在示威中引发生冲突并进而造成混乱的局面,然后由陆军来宣布戒严,以便达到解散议会、建立军事独裁政权的目的。但是由于大川事先把计划透露给当时的陆军大臣宇垣一成,宇垣立刻运用影响把这个计划取消了。

"十月事件"是少壮军人不满于政府的顾虑太多,主张由日本陆军占领和开发"满洲",以便进一步侵略中国,也是桥本欣五郎和大川周明策划的。本准备于1931年10月21日发动政变,暗杀政府首脑,另立以荒木贞夫为首的内阁,10月17日泄密被捕。

"血盟团事件"是井上日昭组织的"血盟团"制定的"一人杀一人"暗杀计划,准备暗杀20名日本政界要员,1932年2月9日和3月5日,前藏相井上准之助和三井财阀首脑团琢磨被枪杀。

"五一五事件"是以三上卓、古贺清志为首的少壮派法西斯海军军官、陆军士官学校的学生,同大川周明等民间法西斯势力,于1932年5月15日在东京发动军事政变,冀图荒木贞夫组阁。同时袭击首相官邸、内臣官邸、警视厅、日本银行,首相犬养毅被杀,日本政党内阁时代自此结束,代之由军部控制下海军大将斋藤实的"举国一致内阁"。

"神兵队事件"是1933年7月,日本爱国勤劳党等法西斯组织密谋策动3000人武装政变袭击首相官邸、警视厅,事泄未遂。

"十一月事件"是1934年皇道派军官策划武装政变,未遂,多人被捕,皇道派为此遭受统制派大力打压。

"相泽事件"是指1935年8月12日,皇道派军官相泽三郎刺杀统制派核心人物、陆军省军务局长永田三郎。

远离日本的东亚同文书院也受到这股思潮的波及,最具有代表性的就是兴建"靖亚神社"。靖亚神社供奉的是近卫笃麿、荒尾精和根津一三位,同时也是纪念自日清贸易研究所成立以来,为了日本的"大陆经纶"事业的各位前辈。大内畅三亲自撰写的《靖亚神社建立趣意书》中,先是对书院创校34年的成绩一一展示,再就是对三位前辈的赞美,已无一言提及当年东亚同文会创立书院宗旨之中国与日本之共同复兴问题。①

1934年4月,大内畅三在校务会议上宣布兴建靖亚神社的计划,获得一致赞同,于同年10月28日举行了"靖亚神社地镇祭"(选址、奠基仪式);从1935年4月开始动工修建,经过5个半月的建设,于1935年11月10日举行了镇座祭(建成仪式),此后每年均以此日作为祭奠日。

镇座祭当日,正是有关振兴国民精神诏书的颁发仪式,第5期学生、日本驻上海总领事石射猪太郎等日本要人正在学校观礼,因此一同参加了镇座祭。共立649根柱子,代表自近卫笃麿、荒尾精和根津一以下,在建立东亚同文会、日清贸易研究所、南京同文书院、东亚同文书院有功的649名前辈往生者。

神社之神宝为三柄日本刀,分别是近卫笃麿的白鞘八角形短刀一柄(制造者为山城国伊贺守藤原金道);荒尾精的白鞘日本刀一柄(遗物原为后岸田家秘藏,白岩龙平出面劝说后捐献),根津一的白鞘日本刀一柄

"二二六事件"是在北一辉暗中指挥下,皇道派军官20余人,率近卫步兵1500人,1936年2月26日在东京发动政变。叛军袭击首相、警视厅、《朝日新闻》社和各大臣的住宅,内大臣斋藤实、藏相高桥是清、教育总监波边锭太郎被杀,侍从长铃木贯太郎重伤,首相冈田启介和前内大臣牧野显侥幸逃脱。政变人马还占领了首相官邸和陆军省所在的水田町,提出"昭和维新",要求建立真崎甚三郎为首的军政府、任命荒木贞夫为关东军司令官。天皇闻报大怒,立即下令"肃军",叛军在天皇的威胁下很快瓦解。3月4日召开东京陆军军法会议,4月28日审判,7月5日宣判政变参与人员中17名军官被判处死刑,5名判处无期,6名判15年徒刑,次年北一辉因"思想主犯"被处死刑。森岛通夫指出,从军队利用军队来清洗内部冲突的反对派这个角度来讲,它并没有能够使自己得到真正的清洗,并且最终发生了一场天皇实际上被右翼军官扣作人质的"宫廷革命"。

胡德坤:《中日战争史(1931—1945)》,武汉大学出版社2005年版,第49、50、52—54页;[日]升味准之辅:《日本政治史》第三册,董果良译,商务印书馆1997年版,第700—701、736—755页。[日]森岛通夫:《日本为什么"成功"》,四川人民出版社1986年版,第107页。

① 参见[日]大学史编纂委员会《东亚同文书院大学史》,社团法人沪友会1982年版,第143—144页。

（根津夫人捐献）。

1937年5月，在第37期学生入学仪式上，同时举行了近卫笃麿、荒尾精和根津一，以及五名教师福冈禄太郎、大村欣一、真岛次郎、藤原茂一和山田谦吉的肖像揭幕仪式。

1937年8月，日本第二次入侵上海，"八·一三"抗战爆发。校内祭祀用物均转至法租界自然科学研究所，此后又转运日本长崎临时校舍，并设立临时祭拜坛。1938年运回上海时，原靖亚神社已经被战火焚毁，神宝被供奉在上海交通大学临时校舍的文治堂大讲堂。1945年日本战败，所有兵器不得带回日本，三柄日本刀被交付某上海居民保管。

值得一提的是，1954年底，第18期学生村上德太郎在崎玉县武藏岚山兴建东光学院，再建靖亚神社，将根津一院长的部分遗物收藏在内。从1955年开始，每年4月10日作为祭祀日。

二　1937年淞沪会战前后的书院

1931年"九·一八"事变之后，东亚局势已无乐观之可能。譬如1932年出版的波多野乾一①的《中国的排日运动》，作者给日本政府提出了三条对策，第一是"确立强硬的外交方针"，第二是"恢复与列国的协调"，第三是"绝对禁止支那的反日教育"。② 虽然有一些知识分子提出中间方案以求妥协，但是，以1936年胡适的"七点建议"遭到中日双方政府和民众的唾弃为标志，"一项既让日本人满意、又能为中国'民意'接受的中日调和方案，似乎毫无希望"。③ 中日关系已经至此，稍有远见的国人都已经深知"中日终有一战"了。

1937年7月，第34期学生大旅行调查出发，计有包括印度尼西亚班、南洋班在内的28个班组。旋即卢沟桥事变爆发，学校通知各地领事馆，要求转达全部学生终止大旅行，立即返回学校。7月中旬，全部学生安全返回学校。

8月初，校方已经收拾重要文件和物品，分别保藏于日本驻上海领事

---

① 参见本章第四节。
② ［日］波多野乾一：《中国的排日运动》，东亚研究会1932年版；王向远：《日本对中国的文化侵略——学者、文化人的侵华战争》，昆仑出版社2005年版，第282页。
③ ［美］柯博文：《走向"最后关头"——中国民族国家构建中的日本因素（1931—1937）》，马俊亚译，社会科学文献出版社2004年版，第314页。

馆、自然科学研究所。8月9日,日本军方在书院所在的虹桥路制造了"大山海军大尉被杀事件"。同日下午,书院留守教职员工及家属44名在工部局巡警的协同下前往自然科学研究所避难。书院的安全工作遵循1932年"一·二八"事变时情况,请工部局出面雇用印度人20名,以及部分中国雇员协助保护,同时请中国徐家汇公安分局警卫。

8月15日,上海市警察局巡警出动,接收东亚同文书院。9月,院长大内畅三了解到战况一时无法结束,决定第三次前往长崎临时办学。10月,东亚同文书院在长崎市樱马场原女子师范学院内开学。

日本军方在事变爆发后不久,就向书院请求派出学生担任翻译工作,学生对此群情激动,邀战之举比比皆是。8月22日,临时教授会决定,由教头马场锹太郎前往东京,与东亚同文会以及主管的外务省商议,最后结果是:四年级学生志愿于参军翻译的,授予修业(肄业)证书,取消学籍,转为军籍,1938年3月再行考察是否授予毕业证书,1938年8月以前根据个人意愿可以恢复学籍。

1937年9月3日,东亚同文会会长近卫文麿和东亚同文书院院长大内畅三联名,向全体学生和家长发布公告:日军在中国作战,地理环境不熟悉,而"四年级学生有幸在中国现地接受教育,语言、地理、人情风俗都比较了解,并且接受了东亚同文书院特殊课程——大旅行调查,今日时局紧要,需奋起书院创立时之精神,挺身至诚奉公,决然身赴时艰……用其所长,或于军事翻译,或于后方勤务,以对国家尽己之全责"。[①]

9月30日,第一批5名学生前往日本海军担任翻译;10月25日,第二批20名前往陆军担任翻译;29日,东亚同文会致电长崎,19名学生前往东京担任翻译;30日,第26期学生、陆军翻译官土屋弥之助受命前来征召翻译,派出20名学生;11月5日,应上海陆军武官室要求,15名学生前往担任翻译;11月22日,1名学生翻译前往陆军部队。共计80名学生应征入伍,全部担任翻译工作。此后的1938年8月,还有4名第36期(三年级)的学生在暑假期间志愿加入日军芜湖军团司令部担任翻译。

1938年3月,第34期学生87名在长崎毕业,近卫文麿会长、日本文相、外相出席并发表祝词,长崎官民列席观礼者数以千计。这主要是因为

---

① [日]大内畅三:《告谕》,转引自[日]大学史编纂委员会《东亚同文书院大学史》,社团法人沪友会1982年版,第149页。

这些学生在去年 8 月事变后就立下血书，要求前往军队担任翻译。这场别开生面的毕业会也成为书院向长崎的告别会，因为上海已经为日军占领，学校借用的上海交通大学校舍已经修复完毕①，4 月中旬，教职员及家属、学生分三批在两天内全部回到上海。

三　大学升格

在根津一院长的任期内，1921 年 7 月 13 日，日本首相原敬签署命令，同意建立在日本国外的东亚同文书院升格为四年制大学的专门学校。这是校方 1918 年开始，为时三年努力的结果，此中东亚同文会也不断向文部省和主管机构外务省提交申请，以证明这所建立在中国的学校有足够的实力成为一所专门大学。②

到了大内畅三院长的任内，专门学校显然已经不足以作为荣耀了。大内畅三毕生的两大心愿，一个是建立靖亚神社，另外一个就是书院升格为大学。根据大内畅三于 1938 年 1 月向全体师生的公开信，《就东亚同文书院的升格问题向同窗各位告白书》中谈到的，书院的升格有三个原因：首先是战局扩大，战后工作必然需要更多的书院的毕业生，要增加毕业生、提高毕业生的素质，最直接的办法就是升格为大学；再者，要扩大对中国的研究，成为中国研究的最高学府，必须升格为大学；最后，为了培养更多的人才，防止学阀个人左右社会国家的发展，为了毕业生地位和荣誉，升格为大学以后，学生才能有平等的机会和其他大学、专门学校③的毕业生竞争。

在学校内部，这个意见很快被一致通过，于是将申请转交东亚同文会和主管机构外务省。会长近卫文麿、外相有田八郎对此也表示赞同。

---

①　东亚同文书院原徐家汇校舍在此战之中全部焚毁，上海交通大学的校舍本为侵华日军占领，在"中日提携"的名义下，租借给东亚同文书院作为临时校舍，这不可能是交通大学的本意，况且此时交通大学已经内迁西安，无从"提携"之理由。

②　Douglas R Reynolds（任达）. 1986. *Chinese Area Studies in Prewar China：Japan's Toa Dobun Shoin in Shanghai*，1900—1945. *The Journal of Asian Studies*，Vol. 45，No. 5，pp. 959—960.

③　日本大多数大学都是由专门学校升格为大学的，此前的 1921 年 7 月 13 日，日本政府公布敕令第三二八号，东亚同文书院适用于《专门学校令》，主管机构为外务省。同年 11 月，外务省公布东亚同文书院毕业生的教员资格认定以及入学学生资格认定。［日］大学史编纂委员会：《东亚同文书院大学史》，社团法人沪友会 1982 年版，第 120 页。

书院得以升格为大学,有一个重要的因素,在于书院借助日本在华势力,扩大了自身的影响。譬如 1938 年 11 月 13 日,签署"防共协定"的日本、德国、意大利、伪南京维新政府共四方派出运动员,在东亚同文书院召开了国际亲善竞技大会,这是东亚同文书院第一次承担国际性比赛。

1939 年 1 月,日本国会审议通过政府转交的《东亚同文书院大学升格准备委员会致申请书(含〈设立主旨书〉、〈设立顺序书〉)》,同年 12 月 26 日公布由日本内阁总理大臣阿部信行、文部大臣河原田稼吉、外务大臣野村吉三郎联署的昭和敕令第八百七十四号:"适用'专门学校令'的'东亚同文书院',改为适用'大学令'的'东亚同文书院大学'。"

根据《设立顺序书》,大学升格的具体步骤如下:

1. 1938 年 4 月,只招收商务科学生,其他学科停止招生;
2. 1939 年 4 月,设立大学预科,开始招收学生;
3. 1941 年开设大学学部,开始招收新生;
4. 1942 年 3 月,废除现有之商务科;
5. 1946 年 3 月,大学第 1 期毕业生毕业;

附:如果 1939 年 4 月 1 日后方得到批准,那么该期入学学生可在升格申请批准后,转入大学预科第 1 期。[①]

因为政府方面发布公文的时间拖延了近一年,《设立顺序书》中的附则果然发生了效用,1939 年 12 月 26 日,日本政府公告发布当天,东亚同文书院宣布升格为"东亚同文书院大学",1939 年 4 月入学之全体学生,转入东亚同文书院大学预科第 1 期。

此后三年是书院与大学并存期:1941 年 3 月,第 38 期学生中因为生病和其他原因推迟毕业的 27 人,以及第 39 期学生中类似情况的,组成进入学部的第 40 期学生,另外还有来自其他专门学校的学生 7 名。类似这样的来自其他专门学校的学生,进入东亚同文书院大学深造的,并不是太多,第 41 期学生中也只有 7 名。第 42 期学生中 12 名,他们大多数来自

---

① 原《设立顺序书》中第 1、第 2 项与本文采用的顺序相反,为了保持时间连贯,将此两项倒置,与原文略有不同。[日]大学史编纂委员会:《东亚同文书院大学史》,社团法人沪友会 1982 年版,第 156 页。

大阪外国语学校、明治学院、小樽高等商业学校、高冈高等商业学校、大连高等商业学校、大仓高等商业学校、高千穗高等商业学校、善邻书院等等。

1942年4月，第40期学生进入学部就学，东亚同文书院大学聘任学部教授14人：本间喜一、高原寅次郎、马场锹太郎（第5期学生）、中内二郎（第13期学生）、北野大吉、铃木择郎（第15期学生）、久保田正三（第16期学生）、久重福三郎（第16期学生）、熊野正平（第17期学生）、小竹文夫（第19期学生）、斋伯守、野崎骏平（第18期学生）、福田胜藏（第20期学生）、重光藏。

1942年9月，作为专门学校的东亚同文书院关闭，完全为东亚同文书院大学取代。

四　战中办学

临时借用（占用）的交通大学校舍，占地和建筑占地都远远超过了原来的东亚同文书院，占地面积达183193平方米，建筑面积是41187平方米，校舍包括：工程馆（教学楼和教授研究室）、图书馆（一部分还作为宪兵队驻扎地）、体育馆、容闳馆（支那研究部、校办）、上院（一部分是教室，另一部分是教师宿舍）；以及学生宿舍五栋；教师住宅9栋；医务所和学生食堂。

回到上海后不久，1938年5月底，上海再次爆发流行病，6月全市病情一度恶化，学校鉴于1936年的情况①，加强了防治工作，所幸无人因此罹难②。另外，校园生活在战争时期受到了严重的干扰，不仅学生大批应征入伍，而且供给体制改为农作物自给自足，配给品严重不足，物价不断上升，1945年4月比1944年9月的物价翻了20倍，校方被迫专设厚生科解决这些问题。

回到上海以后，书院最大的危机是面临和以往不同的教学任务和计划安排。战前，办学地点在日本国土以外的上海，曾经为东亚同文书院省下

---

① 1936年夏，教职员住宅内爆发流行性急病，虽然医务机构竭力救助，仍然有六人不治身亡。

② 在书院创校之初，因为上海常有瘟疫发生，书院的师生也有因此丧生于中国的，以至于学生间发明了一些比较隐晦的词汇："包一包"，本是指放点心用的纸袋子，在书院变成"葬礼"的意思。［日］博井由:《东亚同文书院大旅行调查研究》，上海书店出版社2001年版，第28页。

了不少在日本国内办学所需的特殊事项，比如开设军事课程。但是随着日本的侵略，此次回到上海意味着书院从后方抵达了前线，因此，过去东亚同文书院凭借在海外办学而不开设军事课程的情况已经不能被容忍。1938年11月开始，书院和日本内地的大学一样，开设了军事教练，日军第12师团配属将校的谷村少佐①前来学院担任训练长官。虽然此后发生了学生在食堂门口张贴长文大字报，反对军事训练课程②，但是学校在军国主义的道路上，已经无法自拔。

新成立的大学还有新的战争任务：培养华中地区的日本人教师。这是1939年11月开始的，第1批训练生为25人，但是随着战局并不是和预想的那样容易，华中地区的日军在军事上尚未能站稳，文化侵略和奴役不得不推后，这个训练班只办了一期就结束了。

办学毕竟还是在学校内的管理，战争给研究中国带来的不便是更加直接的，尤其一直引以为豪的大旅行调查更是受到严重的削弱。1939年开始，大旅行调查出现与以往截然不同的情况：调查的范围急剧缩小，阻力加大；人为的危险因素上升；研究的成分减少，转变为专门为战争的需要进行调查。具体而言：

1939年6月，第36期学生分为26个班大旅行调查，其中包含南洋班、法属印度支那班、菲律宾等四个班。前往法属印度支那的学生试图非法穿越中国云南前往河内，遭到中国官方的拒绝，计划未果。

1940年7月，第37期学生大旅行调查因为战局紧张，也被要求服从战争需要，分为8个班组，分别为：长江流域班、海南岛班、占据地区工商业调查班、日本人居住情况调查班、教育复兴状况调查班、外国人权益情况调查班、日本人在华发展状况调查班以及新（伪）政权的统制经济调查班。

1941年第38期学生受时局影响，调查范围被限制在日军活动区域，即华中和华东地区，调查内容也被局限于军事占领区有关建立日本有效统治的事项内。此后几年调查的地理范围和事项范围日渐缩小，1943年的大旅行调查更是仅仅限制在江苏省一省范围之内。

德国迅速占领法国的消息刺激了日本军方，甚至对香港、法属印度支

---

① 1939年1月，大内畅三院长同乡的川三藏大佐（福冈县八女郡）接任。
② ［日］西所正道：《上海东亚同文书院风云录》，株式会社角川书店2001年版，第66页。

那、泰国等南亚地区决定采取军事措施,于是开始拉开战线,军方深感兵源不足①;到了1941年10月,文部省干脆直接训令东亚同文书院大学:为了适应总动员体制,大学体制转变为"报国队"组织,大学校长担任队长,整个大学被编为四个中队;在"此非常时期",便于日常训练和军事出动。

11月,校内的学友会(相当于学生社团联盟和学生会的性质)也改组为"靖亚奉公会",按照社团活动方式的不同,下设四个专门团:

> 锻炼团包括:柔道部、剑道部、弓道部、角道部、陆上竞技部、硬地网球部、网球部、棒球部、桌球部、篮球部、美式足球部、英式足球部和游泳部;
> 国防团包括:枪剑道部、射击部、马术部、机工(滑翔机、汽车)部、海洋部;
> 文化团包括:学术研究部、无我会部、尚志会部、基督教青年会部、音乐部、演讲部、光画艺术部、文艺部;
> 更生团包括:大学寮部、预科寮部。

学生所谓的"报国精神",却转变为热诚的投入侵略战争的预备之中,正如1940年12月,日本第一位参加临时中央协力会议的女性代表高良富美在接受朝日新闻社采访时呼吁的:"我认为妇女相对于男性对于翼赞有着更多热情。妇女要想不落后于昭和维新这一时代,就要走翼赞之路。"② 学生在畸形的爱国主义号召下,与政府保持一致取代了"与正义、国家、和平为友"的可能。

随着日本在战场上由攻转守,大学中的准备在1943年成为战场之一部分。这年9月,日本大本营、政府联席会议制定《今后采取的战争指导大纲》,"为了建立阻止盟军反攻的战略态势,该大纲决定放弃西南太平洋的所罗门群岛、新几内亚东部,中太平洋的吉尔伯特群岛、马绍尔群岛

---

① [日]服部卓四郎:《大东亚战争全史》,张玉祥等译,商务印书馆1984年版,第一册,第77、80、82页;第二册,第435页。

② "翼赞体制"是第二次世界大战时期日本力图建设一种国民自发地协助战争的军国主义国家体制。《纸上女性协力会议》,[日]《朝日新闻》,1941年5月28日至6月5日连载,转引自胡澎《战时体制下的日本妇女团体(1931—1945)》,吉林大学出版社2005年版,第97页。

等地，退守西起缅甸、马来亚，经印度尼西亚、新几内亚西部，再延伸到西加罗林群岛、马里亚纳群岛，直至小笠原群岛、千岛群岛的'绝对国防圈'"。① 10 月，东亚同文书院大学享有的征兵豁免被取消；该月月底，430 名学生参与临时征兵检查，327 名合格；11 月 20 日，合格学生进入上海日军部队训练；12 月 1 日，训练不到两周的学生被派往南京、庐州前线。1944 年 4 月，预科和专门部学生被派往各地协助日军征收粮食②。

1944 年 4—12 月，日军发动了长达 8 个月的"一号作战"，即豫湘桂战役，"日军总计动员兵力约 51 万，其参战兵力之多、作战地域之广，打破了日军侵华以来的空前纪录，据称在日本陆军作战史上亦是史无前例的"。③ 这是日军在侵华战争中规模最大的一次战役。因为兵源紧张，学生全部被编入"学徒勤劳队"，分为本部、第一、第二、第三支队，前往日本海陆军军需工厂劳动，其中第一支队前往江南造船所，第二支队登陆队汽车工厂，第三支队十个特务机关和校园内的有关勤务事项。因为身处军需工厂，学生人身安全得不到保证，前往江南造船所的第一支队学生在一次空袭中就死亡 6 名。

到了 1945 年 6 月，整个上海都处于战斗前线，学校和学生终日生活于枪林弹雨之中。在这段时间，因为物价飞腾，东亚同文会的资金无法送达上海，学校已经残喘于飘零之中。

五 战败停学

1945 年 8 月 15 日，日本宣布投降，第二次世界大战结束。

对于书院来说，投降后最重要的事情就是学生回到学校：从 20 日开始，学生陆续被解除服役，开始复员，约有 300 名学生回到学校。

校方知道继续占用交通大学的校舍已经不可能，因此提前安排师生搬

---

① ［日］日本防卫厅防卫研究所战史室：《战史丛书 67·大本营陆军部 7》，朝云新闻社 1973 年版，第 185 页，转引自胡德坤《中日战争史（1931—1945）》，武汉大学出版社 2005 年版，第 358 页。

② 校方给学生安排了一些相关调查事务，如粮食征收过程中的购买问题、运输问题，以及相应的农村经济问题。前往常州地区的学生还遭遇战斗，三人负伤。

③ 王奇生：《湖南会战：中国军队对日军"一号作战"的回应》，《抗日战争研究》2004 年第 3 期；［日］日本防卫厅防卫研究所战史室：《一号作战之二：湖南会战》上册，天津市政协编译委员会译，中华书局 1984 年版，第 7 页。

往自然科学研究所和杨树浦第二小学,其间还在北四川路青年会馆教授汉语一段时间。

9月15日前后,中国军队进驻上海,宣布东亚同文书院大学长期从事情报收集等间谍工作,予以闭校;9月20日,中华民国政府教育部京沪特派员办公处任命蒋复璁、裘维裕、沙重叔、饶揭伯、李若涛负责接收东亚同文书院大学,接收工作持续到12月15日结束。

根据最后的大学资产负债表,资产共计167163606000元(中央储备银行券),负债共计14344650000元(中央储备银行券)。具体如表2-3所示。

表2-3　　　　东亚同文书院大学资产负债状况

时间:1945年9月12日　单位:元(中央储备银行券)

资产	土地	140.619亩	45360000000	
	建筑物		104241300000	
	消耗品	138件	173259000	
	图书	255084册	2360000000	
	什器	114件	1951730000	
	现金		0	
	银行存款	4笔	140342000	
	标本		90000000	
	土地代金请求权	1件	12846975000	折合十两金条85.6465条
	资产共计		167163606000	折合十两金条1114.42404条
负债	负债、土地引渡义务	1件	14344650000	折合十两金条95.631条

资料来源:[日]大学史编纂委员会:《东亚同文书院大学史——创立八十周年纪念志》,社团法人沪友会1982年版,第166—167页。

在接收过程中,还有一个误会:因为接收大员都不谙日语,看到会计账簿中有一项"贿料",顾名思义,以为是贿赂,于是要求大学方面解释贿赂对象和缘由。后来通过询问日语翻译,才了解到"贿料"在日语中是"饮食开支"的意思。相比其他相当顺利地接收,这也算是此中的小插曲了。

郑振铎是专门派往接收图书的委员,他按照目录将所有图书接收,并且将汉语部教授常年积累制作的华语辞典卡片和大多数学生调查报告书收缴。这部分调查报告书集中在战争爆发以后的调查,非常宝贵,经胡适过问，曾经在上海某大学图书馆保存，后又转至北平图书馆，目前，这部分调查报告书在国家图书馆文津阁分馆保存。

对于本间喜一校长[①]而言，最重要的是学籍簿和学生成绩簿，在他努力斡旋下，这部分资料没有被接收，并且在铃木择郎教授和几位学生牺牲自身行李后，这些资料被送返日本，后被存放在爱知大学。1948年5月，东亚同文会将所存全部有关东亚同文书院大学（包括南京同文书院、东亚同文书院、东亚同文书院大学学部、东亚同文书院大学预科部、东亚同文书院大学专门部）的资料和毕业生有关的证明书原件移交爱知大学，即目前爱知大学霞山文库[②]之一部分。

1945年12月，130名师生乘坐第二次日侨遣返船回国，历时46年在华办学的东亚同文书院大学宣布闭校。

尾声：东亚同文书院大学的继承（1945—2006）

在谈到东亚同文书院大学的继承问题之前，有必要了解一下有关的几个专门学校的设立。

1943年1月，东亚同文会考虑到东亚同文书院大学于4个月前已经停止招收专科学生，但是三年制的专科学生也是亟需的人才，因此，在与兴亚院和外务省商议以后，决定设置大学的附属机构——三年制专门部，学校驻地在上海杨树浦军工路原沪江大学校园内。[③] 同年3月，校舍修葺完毕，久保田正三教授出任专门部部长。

同在1943年1月，日本大东亚省资助东亚同文会，在北京设立两所三年制专门学校——"北京经济专门学校"、"华北高等工业学校"。也是在同年3月，东京工业大学教授出原佃出任华北高等工业学校校长。

---

① 1943年11月矢田七太郎校长辞职，北野大吉代理校长职务；1944年2月，本间喜一出任校长，3月就任。

② 东亚同文书院大学将部分贵重书籍在1938年初带回日本后，交付东亚同文会总部霞山会馆负责管理珍藏。1945年11月，盟军驻日本占领军总司令部即将进驻接收霞山会馆的消息泄露，神谷龙男教授和浅野研究员急忙赶赴东京，与东亚同文会常务理事牧田武商议，决定将全部书籍转移到牧田家中。爱知大学建立以后，购买了这些书籍，并且以此为主干设立了"霞山文库"。

③ 1943年10月，原沪江大学校园被日本海军征用接收，附属专门部合并到大学本部（即占用的交通大学校舍）。

1943年4月,东亚同文会又在上海设立"东亚工业学院",继承了部分原中华学生部的职能,即接收中国籍学生,后又将初等教育和高中教育合并,设立为东亚同文书院附属的中学教育机构。东亚工业学院的位置在原英国开设的莱斯特(レスター)工艺学院,矢田七太郎校长兼任院长。

1945年4月,战争已经转移到华东沿海地区。大学预科部新生194名、附属专门部新生215名无法前往上海入学,几经周折后,和部分华北高等工业学校、北京经济专门学校的学生一起,前往校方在日本本土富山县吴羽市临时租用的吴羽飞机株式会社校舍(参见表2-4)。

表2-4　1945年东亚同文书院吴羽分校办学期间教职员名录

职称	教师姓名	行政职务	教授科目
学部教授	斋伯守	代理大学校长兼代理预科长	伦理
学部教授	坂本一郎	代理专门部部长	中国语(时局讲座)
学部教授	太田英一	教务课长	经济原论、英语、时局讲座
学部助教授兼专门部教授	广江贞助	干事	经济原论
学部助教授兼专门部教授	土屋芳雄	教务课	/
学部助教授兼专门部教授	石川正一	会计主任	经济政策、英语
学部助教授兼专门部教授	一円一亿	专门部教务主任	法学通论、政治
学部助教授兼专门部教授	神谷龙男	代理研究部部长	国际法、特别讲义
学部助教授兼专门部教授	大木隆造	学生、生徒主事	/
学部助教授兼专门部教授	山口左雄	学生、生徒主事	汉语、中国状况
预科教授	若江得行	预科教务主任	英语、英语会话
预科教授	樱川影雄	学生课长	哲学
预科教授	五味　一	教务课	/
预科教授	小桥嘉平	学生课事务主任	/
预科讲师	池上贞一	/	汉语
/	道上　伯	学生、生徒主事	/

资料来源:[日]大学史编纂委员会:《东亚同文书院大学史——创立八十周年纪念志》,社团法人沪友会1982年版,第168—169页。

1945年8月,吴羽遭到盟军空袭,仅仅半个月后,日本宣布投降。16日,吴羽分校关闭,等待东亚同文会的指示。9月20日,主管机构日本外务省同意东亚同文会的意见,东亚同文书院大学在吴羽可以继续办学。10月15日,分校再次启用,但是因为资金严重不足,且没有新的资金来源，11月15日，分校再次关闭。

1945年12月6日，盟军占领军司令部宣布日本战犯名单，12月16日，东亚同文会会长近卫文麿自杀。1946年1月，东亚同文会自动解散。东亚同文书院大学学生事宜由日本教育部泽田部长安排，绝大多数进入其他大学继续学习。

表2-5　　　　　　吴羽分校第二次开校期间学生分布

期别	所属部	人数
第42期	学部	6
第43期	学部	14
第44期	学部	32
第45期	预科部	10
	专门部	14
第46期	预科部	96
	专门部	68
共计		240

资料来源：[日] 大学史编纂委员会：《东亚同文书院大学史——创立八十周年纪念志》，社团法人沪友会1982年版，第169页。

1946年2月，残留在上海的沪友会成员举行"梅花祭"① 后，召开会议，共同商议恢复学校的计划。3月，原校长本间喜一返回日本，和末任东亚同文会代理会长—宫房治郎（第1期学生）商议重办学校的计划，没有成功。6月，按计划应该将原有学生转入其他大学，但是接收的大学都不太合作，本间喜一更加希望恢复原有大学了。在与京城帝国大学法文学部部长大内武次的商议下，决定共同接收东亚同文书院大学、京城帝国大学、台北帝国大学的学生。正好爱知县丰桥市政府表示愿意出借原预备士官学校的校舍，并且得到名古屋财务局的认可。11月15日，爱知大学成立。第一任校长是东亚同文会理事、枢密顾问官、原庆应义塾大学校长林毅陆博士，本间喜一担任理事长，参与创立的教授有：小岩井净、铃木择郎、斋伯守、太田英一、神谷龙男、津之地直一、三好四郎。

从上述参与创立学校人员名单可以得知，大部分均为原东亚同文书院大学教授（可对照第三章第二节教师名单）。因此，1947年3月，名古屋

---

① 东亚同文书院的梅花祭是为了纪念根津一院长。

军政部、东海北陆军政部、京都军政部军官提出爱知大学是间谍学校东亚同文书院大学的继承者,必须予以调查、追究。但是本间喜一强调东亚同文书院大学是国家创立的大学,爱知大学属于私立大学,虽然人员上多有重合,但是性质完全不同;来自东亚同文书院大学的教授帮助建立爱知大学,这与已经关闭的原大学毫无关系。调查不了了之,但是爱知大学此后很长一段时间不愿意强调作为东亚同文书院大学的继承者身份。

实际上,爱知大学在很大程度上是继承了东亚同文书院大学的,不仅表现在教授群体[①],在学术研究对象和方法上也是如此,而且在学生延续性上尤其可以发现两者之关系。

表2-6　　　　　爱知大学初期学生转入入学、毕业情况

年份	原学部 入学数	原学部 毕业数	原预科部 入学数	原预科部 毕业数
1947	93	75	166	137
1948	37	29		
1949	4	3		
1950	4	4		
合计	138	111	166	137

资料来源:[日]大学史编纂委员会:《东亚同文书院大学史——创立八十周年纪念志》,社团法人沪友会1982年版,第172页。

另外,爱知大学和沪友会的关系也非常微妙。东亚同文会将22万日元转交爱知大学,委托受理东亚同文书院大学校友会事宜。图书部分,尤其是霞山文库,是以爱知大学创校之初借用的名义转交的,1950年又以购买的方式完成了所有权转移。

还有一些相当宝贵的资料,即原本已经被中国政府没收的编辑汉语辞典的卡片。1953年7月,本间喜一校长向日中友好协会提出能否代为向中国政府请求处理这批重要资料的方式,在内山完造出任日中友好协会理事长期间,终于取得中华人民共和国政府的答复。1954年12月,中国人民保卫世界和平委员会(中国科学院院长郭沫若、文化部副部长郑振铎)以"赠送给日本人民"的友好方式,向日中友好协会赠送"华日辞典原

---

① 参见本书第三章第二节。

稿辞条卡片",铃木择郎教授迅速召集原编辑委员会成员熊野正平、野崎骏平和坂本一郎,经过近20年的整理,1968年2月,《中日大辞典》出版,这在中日文化交流史上意义非常重大,也是爱知大学在中国研究领域的最高荣誉①。

  1953年6月,东亚格局发生重大动荡,美日关系发生变化,日本的国际处境奇迹般出现了转机。1954年,在东亚同文会的继承机构霞山会、沪友会、爱知大学的共同努力下,东亚同文书院大学的主管机构——日本外务省公开发布证明书,委托财团法人爱知大学全权处理东亚同文书院大学(含东亚同文书院、东亚同文书院大学、东亚同文书院大学预科部、东亚同文书院大学专门部)自1948年5月6日起的全部事宜。这就肯定了东亚同文书院大学的继承问题,同时,也就宣告东亚同文书院大学走入了历史。

---

  ① 何培忠在《日本中国学研究考察记(四)——访爱知大学国际中国学研究中心加加美光行教授》提及"于1955年编撰的《中日大辞典》",是把赠送卡片的时间误为出版辞典的时间。《国外社会科学》2004年第6期。目前,爱知大学仍然设立有《中日大辞典》编撰所。

第三章

东亚同文书院的众生相

历史"深描"的方式很多，但是，在关注于组织发展的过程中，极有可能呈现海登·怀特针对黑格尔历史哲学体系提出的批评——在行为背后的主观动力，如那些努力实现其伟业的个人的意愿、理智和情感，则被还原成了普通人同样具有的那种根本特性，他们没有丰功伟绩，除了是集体中的一员，便没有在历史上留下任何印记。①

那么，对于个人—组织的历史描写，就必须从另外一个角度（即组织—人物）去理解，即"人物由社会中全体成员或部分重要成员所尊奉的对象，赋之以文化与道德的含义"②。在这个意义上，"人物由社会外在地预定，并为特定的文化（或历史）理解模式提供了途径……人物是有关我们自己或他人的故事得以讲述所必需的参考点"③，因此，在本章下文是"个人—组织—人物"三段论下的历史描述，意图折射（或隐藏）的是时代、历史甚或文化的痕迹。

---

① ［美］海登·怀特：《元史学：十九世纪欧洲的历史想象》，陈新译，译林出版社2004年版，第150页。

② ［美］麦金太尔：《追寻美德——伦理理论研究》，转引自［美］流星《自我的他性——当代中国的自我系谱》，常姝译，上海人民出版社2005年版，第122页；《追寻美德——伦理理论研究》的中文译本翻译得略有不同："一种特性角色被文化的一般成员或其重要组成部分视为目标。他为他们提供一种文化理想与道德理想。"［美］麦金太尔：《追寻美德——伦理理论研究》，宋继杰译，江苏人民出版社2003年版，第37页。

③ ［美］流星：《自我的他性——当代中国的自我系谱》，常姝译，上海人民出版社2005年版，第122—123页。

第一节　东亚同文书院的院长

东亚同文书院，见证了 20 世纪初中国的灾难和进步，自身在此中也扮演着一个生动鲜活的角色：四度遭受战火①，九次迁移校舍，从学院升格到大学，院长们此间的职责和作用自是攸关重要，把聚焦灯集中到校长们的身影上，也是另外一种解读东亚同文书院（大学）的思路所在。

一　根津一

根津一在中日关系领域活跃了 30 多年，是东亚同文书院第一任院长，前后任此职的时间超过 20 年，培养的毕业生超过 1000 名。他对中国的特殊感情、矛盾心理，正是明治一代日本人的集中体现。

根津一出身寒族，但少年时期对汉学颇有专好。17 岁入学横滨师范学校，不久因身体原因辍学。1877 年被陆军教导团录取，此后深受荒尾精影响（参见第一章第二节），全力支持其日清贸易研究所计划，虽然因为财政窘迫，未能长期坚持办学，但是根津氏希望在华兴办日人之学校，已成为终身之所愿所献。

1900 年，南京同文书院设立，因为佐藤正未能赴任院长，东亚同文会会长近卫笃麿邀请根津一出任院长一职（参见第一章第三节）。不久，义和团运动爆发，身在汉口的院长根津一联系南京同文书院迁往上海的事宜，又接到东亚同文会的命令，火速直接回国。在回日本途中，给内阁大臣和日军参谋长大山严呈交长文电报，强调日本要在诸强之中力持"支那保全"的宗旨，防止中国为列强瓜分。② 继而又有给大山严的《北清事变处分案》电报，因而被参谋本部聘为顾问。

1901 年，上海东亚同文书院成立，在成立仪式上，根津一宣布了

---

①　四次战火分别是：1913 年二次革命；1927 年国民军北伐；1932 年日军进攻上海（"淞沪事变"）；1938 年中日战争中日本再度进攻上海。

②　客观上"支那保全"的观点，确实保证了中国不为列强所瓜分，但是，持有这种观点的很多日本人，希望的是完整的中国为日本提供更多的利益来源，无疑加深了中国社会的沉重灾难。这种矛盾和两难心理，是日本近代对华政策的根结所在，1915 年以后，把中国作为日本"利益线"的观点越来越露骨，日本对华友好的一面逐渐消失，根津一这些明治一代的中日间"活跃者"对此也无法预见。

《兴学要旨》："教授中外实学，培育中日英才，一则有利于巩固中国的国基，一则有利于加强中日的友好关系。这也是保全中国、定策东亚长治久安、立计天下太平所在。"①

1902—1903 年，根津一被东亚同文会召回日本国内，担任干事长，工作重心是加强与刘坤一和张之洞的关系。

1903 年，根津一复任东亚同文书院院长，马上组织编写了《日俄时局辑录》，此书在日俄战争之前，在日本广为流传，从中央机关、地方政府，到商会、学校，对于日本与俄国的利益冲突，尤其是而后发动日俄战争，起到了非常大的影响。身边很多人的回忆都提到院长对于时事的关注，譬如根岸佶教授回忆学院晚餐的时候，根津一院长和教师们一起边饮酒边谈话，指点江山、谈经论道，院长长髯飘飘，时间须臾即过，不经意间已是深夜。② 由于和学生关系密切，根津一甚至被第 8 期学生米内山庸夫称为"五百名毕业生，三百名在校学生对待'第二父亲'一样敬爱"。③

1904 年 2 月 10 日，日俄两国宣布断交开战。东亚同文书院的学生听到宣战公告后，群情激愤，终日在校内敲打大鼓，制造声势，以至于极力主张日俄一战的院长根津一也不得不采取措施，防止学生轻举妄动。④ 战争爆发以后的 4 月，东亚同文书院正好第一届学生毕业，大多参军加入日俄战争之中。根津氏也因此为参谋本部更加重视。他本人还亲自前往满洲慰问、考察，希望在南满开设专门为中国人的师范学校，此后在金州、盖平、营口、辽阳、海城、大孤山开设了学校，"满洲一带教育事业新局面为之一开"⑤。

此后学院的发展进入平稳期，直到 1913 年因为"二次革命"校舍被毁于战火，根津一筹集巨款再建校园，1917 年建成使用，新校舍的设备、

---

① ［日］根津一：《东亚同文书院创立要领·兴学要旨》，载［日］大学史编纂委员会《东亚同文书院大学史——创立八十周年纪念志》，社团法人沪友会 1982 年版，第 715 页。

② ［日］根岸佶：《书院创业时代的根津院长》，收入［日］东亚同文书院沪友同窗会编《山洲根津先生传》，东京：根津先生传记编撰部 1930 年版，第 445 页。

③ ［日］栗田尚弥：《上海东亚同文书院——联系日中的男子们》，新人物往来社 1993 年版，第 173 页。

④ ［日］大学史编纂委员会：《东亚同文书院大学史》，社团法人沪友会 1982 年版，第 99—100 页。

⑤ ［日］黑龙会编：《东亚先觉志士记传·列传·根津一》下卷，原书房，第 331 页。

规模在东亚首屈一指。至 1920 年"二十周年校庆"时，根津氏进入个人事业的顶峰。① 1923 年，担任院长长达 22 年的根津一退休，天皇破格授予勋二等、瑞宝章。此后根津氏仍然致力于地方选举和普选的实施，以及日本国民精神教育，并为此筹划诚明学社，一直工作到 1927 年去世。

二 杉浦重刚

杉浦重刚是近江藩士家庭出身，1876 年前往英国留学，留学期间还发表了不少优秀论文，深得导师器重，留学成绩之优秀一度让英国老师不敢侧目。② 回国以后，杉浦重刚多在教育、新闻机构任职，也曾经出任议员。杉浦和志贺重昂、井上圆了、三宅雪岭、陆羯南等人对于明治时期的日本"国粹主义"的形成影响至关重要。值得注意的是，明治时期日本弥漫着"初期的民粹主义是作为政府欧化运动的对立物出现的一种民族主义的思潮。但从甲午战争前夕开始，国粹主义便逐渐蜕化为沙文主义的一股支流或组成部分"。③ 因此，作为国粹主义的领导人物之一，杉浦重刚的思想在 20 世纪初，也有国粹主义急剧向"以儒教为本的皇室主义、政治主义、与外国竞争主义、世界第一主义和军国主义"④ 者转变。

但是，与国粹派又略有不同的是，杉浦重刚仍然主张"人类的将来，科学将越来越起到重要的作用，故学习西方当从科学之理学习"⑤。1887 年，杉浦重刚发表《日本教育原论》，"否定以宗教为教育原理，主张以自然（物理）的原理作为教育基础"。⑥

1902 年，因为近卫笃麿的邀请，杉浦重刚出任上海同文书院第二任院长，在上海与学生相处一年以后，众多学生深受影响。但是因为不适应上海的环境，一年之后被迫返回日本。杉浦重刚在华期间，最大的成绩是加强了与张之洞的联系。

回到日本以后，杉浦重刚仍在教育机构工作；皇太子裕仁（即位后改

---

① 参见本书第二章第一节。
② 张明洋：《中日近代留学教育比较》，《日本研究》1992 年第 3 期；[日] 黑龙会编：《东亚先觉志士记传·列传·杉浦重刚》下卷，原书房，第 756 页。
③ 汪淼、培柱：《日本近代史上的沙文主义》，《史学集刊》1987 年第 4 期。
④ 王金林：《日本天皇制法西斯主义的理论构成》，《日本研究》1995 年第 4 期。
⑤ 盛邦和：《中日国粹主义试论》，《日本学刊》2003 年第 4 期。
⑥ 汪淼：《明治政府的文明开化政策》，《史学集刊》1987 年第 1 期。

年号"昭和")摄政期间,聘请他作为顾问,以国士待之。杉浦氏"在任教的七年中,杉浦给裕仁讲课二百余次"①。1924年,杉浦重刚在东京去世。病重时,皇室特颁发勋二等、旭日重光章,以示优礼。

三 大内畅三

大内畅三是东亚同文书院的第五任院长,在他的努力下,东亚同文书院由学院升格为大学。

大内畅三出身于福冈县原柳川藩士家庭,父亲大内精一郎曾经参加九州进步党、九州自由党,甚至婉谢了当选1890年第一届众议院议员。

大内的学历在那一代人当中非常出色:1891年早稻田大学英文系以及英语政治系肄业,毕业前前往美国留学,考入科罗维亚大学比较宪法大家巴塞斯门下,就读两年以后,又前往欧洲游学,1899年回到东京后,执教于早稻田大学。不久,高田早苗将其介绍给近卫笃麿作为秘书,从此一辈子服务于东亚同文会的对华工作。

1899年近卫访问欧美期间,大内畅三一直随行,返途中拜访刘坤一、张之洞谈论设立学校问题时,他也一直参与,对于近卫在华创立学校的方针、目标非常了解。近卫还给大内戏取了一个中国名字——吴瑞光,可见两人关系之密切。

近卫笃麿去世以后,大内畅三在朝鲜木浦领事馆工作了一段时间,又五次当选议员。20世纪20年代,出任北京人文科学研究所和上海自然科学研究所筹划会议日方首席代表。上海自然科学所成立以后,又兼管其事务。

近卫文麿兼任东亚同文书院院长期间,实际上的事务已经交由大内处理。1931年,大内畅三被宣布为代理院长。在此期间,因为中日关系恶化,学校的处境也岌岌可危,教员和学生人心惶恐,规章制度废弛。同文书院兴学之初,以促进中日两国友好往来为己任的目标渐行渐远,大内畅三对此最为关心。上任伊始,就宣布新的学校章程,一改以往拖沓风气,

---

① 刘士田:《也谈裕仁天皇的战争罪责——与沈才彬同志商榷》,《军事历史研究》1991年第4期;王金林:《日本天皇制法西斯主义的理论构成》,《日本研究》1995年第4期。关于杉浦重刚对于天皇裕仁军国主义思想的影响和促成,还可以参看[日]效律正志《天皇裕仁和他的时代》,世界知识出版社1988年版;[日]井上清《天皇的战争责任》,商务印书馆1983年版。

解决了书院财政上的问题,从而教学秩序得以整顿,加之随后中日战争状态的暂时结束,书院的前途似乎又出现了转机。

1931年12月,大内畅三被召回日本,正式被任命为东亚同文书院院长。次年1月回到中国①,上海的局势已经完全失控,很多日本在华侨民正喧嚣叫嚷侵华暴动,大内畅三因为政见不合,甚至被威胁、辱骂。在他后来的谈话录中回忆当时的情形:

> 满洲事变以后,中国的排日事件层出不穷。我国在华侨民的态度也日趋强硬,上海的总领事馆召开了很多次居留民会议,我参加了两三次,总是以教育者的身份来看到事情的变化……27日晚上接到命令,迅速转移到我军的守备区域,只好先将教职员家属,然后是教职员和学生分别转移到内外棉花会社的大食堂……我的重要文书和财物到在学校封存,由公安局巡察保护……(28日)晚上8点多快9点的时候,炮声传来,上海事变竟然发生了。②

在大内的极力控制下,引发骚动要求参战的学生最终没有参与到这次事变当中(参见第二章第二节)。

1932年日军第一次进攻上海失败以后,到1937年的5年中,中日之间暂时没有直接的大规模武装冲突。大内畅三在此期间对于学校建设、教职员工的管理均有所建树。但是好景不长,随着"七七事变"的爆发,日本军国主义撕下最后一层伪装,学院的情况也急转直下。

1937年9月在上海爆发的所谓"大山中尉事件"③之前,日本领事馆就呼吁在沪侨民撤回警备区域内。④东亚同文书院因为此时不在日本租界

---

① 大内畅三的行程是:1月从东京出发,先前往中国东北"伪满洲国",25日转大连,26日到青岛,27日晚上回到上海。

② [日]东亚同文会:《续对支回顾录·列传·大内畅三》下卷,原书房1973年版,第677—678页。

③ "大山中尉事件"是1937年8月9日,驻上海的日本海军陆战队大山勇夫中尉和另外一名水手,冲撞上海虹桥机场警戒线以后,竟然阻止其行为的中国保安队开枪,中国保安队被迫还击,将其当场击毙。胡德坤:《中日战争史(1931—1945)》,武汉大学出版社2005年版,第135页。

④ 劝告文书的日期是1937年8月12日。

之内，院长大内畅三决定将学校贵重物品和文件装箱，以及教师家属送往法租界自然科学研究所，然后分批将学生、教员送往避难所，最后一批人员疏散两小时以后，上海市颁布戒严令，战局已开。

大内经常在自然科学研究所的屋顶上遥望学院的校舍和图书馆等建筑，既为自己无力挽救时局而痛心疾首，也开始考虑如何不停顿教育事业而发愁。大连、青岛的同学会分别向大内发电，希望将学院迁往该地；也有一些人建议将学院迁回日本，或在京都，或在福冈设立，大内均未接受。参照当年"济南事变"爆发时引发排日风潮，前任根津一院长曾经将学院暂时撤回日本长崎的考虑：第一，长崎和上海交通方便；第二，长崎的中国人比较多，学习汉语的氛围比较好。正好此时长崎的师范学校新校舍修好，原有的旧校舍本来准备交付县立女子学校使用，大内畅三联系到长崎县知事早速冈田，商妥暂借校舍事宜。

但是，身处战争之中的学院，已经无法像1932年那样避免株连了。①高年级学生得知日本进军上海遇到中国军队的顽强抵抗，纷纷要求加入军队，帮助侵略者了解当地的地理状况、利用语言优势为侵略服务，大内畅三对待日本侵略战争的态度也一反过去的不介入态度，在召开了教授会议以后，宣布1938年春季毕业生，可以在一个半月以内修完所余课程，然后提交毕业论文，在得到日本国的家长同意以后，允许从军作战。不久，85名提出参军志愿的学生全部合格毕业，加入侵略者的行列之中。此时柳川平助的部队在杭州湾登陆，85名学生即加入该部队，此后在中国战场上一人阵亡，两三人负伤，把在华学到的知识用到侵略中国的战争之中，大内畅三对此的态度十分得意："参战的学生们尽力完成了所交付的任务，学院一再收到各个部队寄来的感谢信，不久，日本皇室秩父宫②前往上海，我（即大内——笔者注）前去谒见，很高兴向他仔细汇报了学生在战争中建功立业的这些情况。"③

大内畅三对于同文书院最大的贡献是升格为大学。1938年4月，因为原有校舍在战争中全部焚毁，学院占用上海交通大学校舍，复校授课。大内畅三意识到中日之间战争绝非正常状态，终究要归复和平，书院终究

---

① 参见本书第二章第二节。
② 即裕仁天皇的弟弟秩父宫雍仁。
③ 东亚同文会：《续对支回顾录·列传·大内畅三》下卷，原书房1973年版，第681页。

还是要在中国发展，而中国现在的大学已经很多了，如果东亚同文书院仍然维持专业学校的现状，必将使毕业后的学生在职业竞争中处于不利地位。在他的努力下，东亚同文会的理事们决定向政府教育主管部门申请同文书院的升格。① 1939 年 12 月，当大内畅三接到升格为大学的正式文件时，这位 67 岁的院长内心的欣喜跃然纸上："……は私として喜びの極みである。"②

完成了大学升格的重大任务，1940 年，68 岁的大内畅三身体渐渐不支，屡次请求退休，这年 9 月，终于得允功成身退。纵观东亚同文书院在大内治下的十年，学院升格固然是最大的成就，但是，从不介入战争到不断派出毕业生、在籍学生加入侵略战争，无可避免的，让耻辱掩盖了成就。

四　本间喜一

本间喜一担任校长的时间不到两年，却是东亚同文书院大学最为困难的时期。

本间校长是山形县东置赐郡川西町人，1915 年东京帝国大学法学科毕业，同年 6 月担任司法官，此后曾任检事、判事等职。1920 年担任东京高等商业学校教授，并前往英、美、德、法留学，1926 年续任东京商科大学教授。1937 年加入东京第二律师会所。1940 年 12 月出任东亚同文书院大学教授、大学预科长，1944 年 2 月被任命为东亚同文书院大学校长。

本间喜一上任校长的时候，日军已经在太平洋上开始节节败退，动员学生前往前线参战是首先的任务。但是本间喜一已经意识到日本的前途，因此更加关注的是另外一个问题，即战争结束以后将会随之而来的货币贬值问题；这是他在德国留学时，正好遇到第一次世界大战结束，德国战败后货币疯狂贬值的经验。他立即着手清理学校的财务，着重物资的准备，对于黄金、米、汽油，甚至食品中的调料，大为囤积。1945 年 2 月，以 800 元的价格购入一辆新的福特汽车，1945 年 12 月出售时，竟高达 2.3 亿元，足够大学全体师生一个月的开销，而此时 800 元连买一个烧饼都成

---

① 参见本书第二章第三节。
② 东亚同文会：《续对支回顾录·列传·大内畅三》下卷，原书房 1973 年版，第 682 页。

问题。

在大学被接收过程中,还曾经出现一次非常危险的事情,在校园中突然冒出300多挺机关枪,在当时的情况下,有人因为藏有一把手枪而被枪毙的,幸亏中国方面的接收人员对于东亚同文书院大学没有恶意,参谋官善意地解决了这个问题,本间校长虽然担心受怕多日,能够无任何惩罚解决,也算是书院的万幸。

1946年11月爱知大学迅速开设,预科部和学部的招生都非常顺利,本间喜一的个人成就也进入顶峰时期。

好景不长,《大公报》了解到东亚同文书院大学正在以爱知大学的名义复出以后,迅速报道了此事,并且公布了东亚同文书院大学作为间谍机构被关闭的事实。盟军京都军政部派员前来调查,了解到确实相当多的东亚同文书院大学的教授转入爱知大学,但是前者是国家办理的大学,后者是私人筹集的大学,并没有违反法律,因此,没有勒令爱知大学关闭,但是命令不得再次招收东亚同文书院大学的教师,这被本间喜一称为"爱大受难第一号",久重福三郎和小竹文夫教授因此未能进入爱知大学任教。

千辛万苦,爱知大学得以建立,日本文部省、外务省、丰桥市、名古屋财政局的帮助都是关键的,虽然本间喜一谦虚地表示:"要不是社会对于这些回国学生的同情,我做的这些事情,不可能在这个时期把爱知大学建立起来。"[1] 但是最大的功勋归功于本间喜一也毫不过分,而且他的谦虚之中也在暗示爱知大学和东亚同文书院(大学)的关系——"今天同文书院是没有了,但是关心书院的人,会在爱知大学那儿找到寄托的"[2]。

第二节　东亚同文书院的教师群体

将近半个世纪在华的教育史,离不开众多教师的身影。他们之中,有前文提到的山田良政这样为中国革命贡献生命而在所不惜的义士(参见本书第一章第三节),也有御幡雅文这样热衷于汉语教学的义务教师,更多的是那些并非闻名天下,但是却在知识的传播中,将自己嵌入时间长河的

---

[1] [日]大学史编纂委员会:《东亚同文书院大学史》,社团法人沪友会1982年版,第260页。

[2] 同上书,第173页。

传承之中的普通教师；他们身影局限于狭小的教室、讲台，思想和精神却烙印在学生的心中；进而，远非他们自身所能料及的，亦非他们所期盼的，在与悠长的人类历史相比微不足道的时间中，在人类精神和文化史上轻轻地描出了一个个记号。

一　初期教师阵容

根津一院长回任以后，任命菊池谦二郎①担任书院教头兼监督，院长和教头月薪150日元；聘请教授三人，分别是木造高俊、根岸佶和森茂②；聘请汉语大家御幡雅文为汉语教师，同时教汉语的还有中国人王廷臣③；又聘请查尔斯·汉奈克斯为英文教师，另外佐原笃介也是英文讲师；教授们的月薪大约50—60日元。

还有教授兼舍监④的西田龙太，汉文功底很好，是明治末期耆儒楠本硕水的学生，主修程朱理学，"学问和人格并为学生所尊重"⑤，甚至被学生尊称为"老爷爷"。讲授《中国制度史》的课堂上座无虚席，对于清代政治沿革、官僚机构及其变迁极为稔熟。据学生回忆，这位老师

---

①　1903年5月，教头菊池谦二郎出任南京三江师范学堂，详见本书第四章第三节。

②　森茂作为满蒙分裂的鼓吹者是在1907年辞去东亚同文书院教职以后。因为对中国东北颇有研究，森氏加盟满铁，与川岛浪速参与谋划了1911年第一次满蒙分裂、1915年第二次满蒙分裂活动，在"蒙古义军"、"满洲勤王军"中活动多年，屡遭失败以后，1917年回到东亚同文书院继续任教，并担任教头，两年后辞职。参见[日]黑龙会编《东亚先觉志士记传·列传·森茂》，下卷，原书房，第736—737页。

③　因为书院聘请的教授汉语的老师王廷臣不懂日语，作为汉语老师只能通过与学生山田胜治笔谈翻译得以讲学，御幡雅文本来不是东亚同文书院正式聘请的员工，在这样的情况下，身处三井物产会社工作的御幡雅文被恳请周日来校讲课。以御幡雅文的汉语水平，不可能只是讲师而不是教授。参见[日]樽本照雄《劉鉄雲と日本人》，清末小说研究会《清末小說》，1987年第10号；[日]黑龙会编《东亚先觉志士记传·列传·御幡雅文》下卷，原书房1966年版，第134—135页。

④　《东亚同文书院大学史——创立八十周年纪念志》记载的有关西田龙太的身份只有舍监，考虑到他知名的汉学功底，这个记载应该是错误的。而且在第5期学生菊池贞二在《沪友》第19期上回忆这位"老爷爷"时，"从南京时代的明治三十三年开始，到明治三十八年，担任教授，时不时地还兼任舍监的职务"。参见[日]大学史编纂委员会《东亚同文书院大学史》，社团法人沪友会1982年版，第92、262页。

⑤　[日]黑龙会编：《东亚先觉志士记传·列传·西田龙太》下卷，东京：原书房1966年版，第93页。

视力非常之差，却也不愿意戴眼镜，以至于学生间都在传闻，西田教授看报的时候，因为凑得太近，经常把鼻子抹黑了。西田龙太一生孤傲清高，颇有名士之风。在书院教学数年之后①，曾被袁世凯揽为翻译官。晚年重病不支，好友狩野直喜前往探视，希望资助他住院治疗，也被直言拒绝。

根岸佶教授也是东亚同文书院早期一位重要的教授。1901年，刚从东京高等商业学校（即今天的日本一桥大学）毕业的根岸佶加入东亚同文会，协助根津一院长有关东亚同文书院立校之初的筹划。根岸主要研究中国经济开发、中日贸易，对于中日经济合作以及相关人员培养方面最为关心，对于书院早期的课程设置、与经济相关学科的扩充贡献尤为突出，还值得一提的是，"大旅行调查"就是根岸佶筹划并施行的。② 他耗尽心血整理的《中国经济全书》，是当时规模最大的有关中国经济的百科全书，也为后来大村欣一等人在大旅行调查报告书的基础上整理《中国省别全志》奠定了基础。1907年，根岸佶辞去教授职务，回到东亚同文会总部，担任机关报《支那》的主编工作；1911—1916年，在日本最大的新闻机构《朝日新闻》主持国际问题报道。此后又被请回东京高商③，被推举为名誉教授。在中国问题上，他的代表作《中国商会研究》、《买办制度研究》、《作为中国社会的指导阶层：耆老绅士之研究》、《中国商业地理》④，一直在有关领域被视为最重要的作品之一⑤。

---

① 大概是在1905年9月。

② ［日］大学史编纂委员会：《东亚同文书院大学史》，东京：社团法人沪友会1982年版，第262页。

③ 即目前的一桥大学。

④ ［日］根岸佶：《支那ギルドの研究（中国商会研究）》，东京：斯文书院1932年版；《支那買辦制度》，支那经济学会1919年版；《中國社會に於ける指導層：中國耆老紳士の研究》，平和书房1947年版；《支那商業地理》，丸善书店1906年版。

⑤ ［美］费维恺：《中国早期工业化——盛宣怀和官督商办企业》，虞和平译，吴乾兑校，中国社会科学出版社2002年版，第21、26、340页；［美］罗威廉：《汉口：一个中国城市的商业和社会》，江溶、鲁西奇译，彭雨新、鲁西奇校，中国人民大学出版社2005年版，第344、345页；冯筱才：《中国商会史研究之回顾与反思》，《历史研究》2001年第5期；朱英：《中国行会史研究的回顾与展望》，《历史研究》2003年第2期；郝秉键：《日本史学界的明清"绅士论"》，《清史研究》2004年第4期。

表 3-1　　　　　　　　1908 年东亚同文书院教职员名录

教职	教师姓名	来校时间	教授科目
教授	福冈禄太郎（法学士）	1908	法律、政治
教授	田部环（法学士）	1907	经济、财政
教授	大村欣一①（文学士）	1907	制度、外交史、通商史
教授	森川一甫（商业学士）	1905	商业学、会计、商业实践
教授	中川精吉（商业学士）	1906	商业学、会计
教授	布施知足	1907	英语
教授	青木乔	1908	汉语
教授	桥诘照江	1908	汉语、尺牍、时文
助教授	三木甚市	1908	汉语
助教授	松永千秋	1907	汉语、制度
助教授	富冈幸三郎	1907	汉语、商品学、商品地理
助教授	小田胜太郎	1907	习字、武术部总监
讲师	神津助太郎	1908	商业习惯
讲师	沈文藻	1906	尺牍
讲师	瑞玛	—	汉语
讲师	全寿	—	汉语
讲师	述功	—	汉语
讲师	费恩	1907	英语
讲师	汉普	1908	英语
讲师	安河内弘	—	武术部

资料来源：[日] 大学史编纂委员会：《东亚同文书院大学史——创立八十周年纪念志》，社团法人沪友会 1982 年版，第 104 页。

从 1906 年开始，东亚同文书院的教师阵容发生了很大的变化，雇佣了更多更为专业的教师，学生专业方面的培养因而得以加强。此后几年，学院的发展可以从教授和助教授的人数明显增加中看出来（参见表 3-1），教师专业性越来越强，学术水平越来越高，这与学校的实力和影响的扩大是互为表里的。

在早期的东亚同文书院的教师中，有一位作为思想家兼社会活动家面

---

① 大村欣一后来返回东京，在东亚同文会负责编纂《支那省别全志》，1920 年再度返回上海，1925 年在上海病故。有关中国问题的著作颇丰，尤以《支那政治地志》（也译作《支那政治地理志》）闻名。

世的西本省三（白川）。西本省三是南京同文书院时期熊本县唯一的自费生①，毕业以后被根津一院长派往昆明云南大学堂执教，日俄战争期间作为翻译从军，复员后在东亚同文书院担任教职，在短暂担任书院汉语教授以后，因为熊本县派遣学生事辞职，根津一院长挽留未果。1913 年，西本与宗方小太郎和波多野（第 6 期学生）创立"春申社"，以清朝复辟王道论者的身份发表言论，一时引起轩然大波，但是深得书院学生敬仰，在与学生接触中，影响日益加大。西本自称"儒家十字军的一个小卒"②，在清末民初的政治动荡中，同时以思想家和实践家的面貌出现，此外，西本还有著作《中国思想和现代》、《大儒沈子培》、《康熙大帝》问世。③

还有如教授汉语的木野村政德，1878 年 17 岁时被日本参谋本部派往北京留学，后回日本陆军大学担任讲师，在甲午战争中随军担任翻译，1898 年 4 月被湖广总督张之洞聘为顾问，此后还任职于陆军士官学校、关东都督府、东京外国语学校，被尊为汉语教学的元老，同时也是日本有名的"中国通"。④

二 全盛期教师阵容

1915 年到 1932 年，东亚同文书院的发展经历了一次质的飞跃。新兴学科的兴废；经济商务研究领域的发展，教师队伍的专业化的加强，使得书院在中国和日本两国的影响都迅速上升。

在这一时期，东亚同文书院还邀请了很多日本国内的教授前往上海授课和短期讲学，如：

1928 年 1 月 6 日，京都大学教授矢野仁一博士前往学院，向三年级和四年级的学生举行特别讲义，题目是："从外交看中国近代史"。

同年 4 月，九州大学的长寿吉教授在学校发表演讲："英国的政党和对外经济政策"。

---

① ［日］大学史编纂委员会：《东亚同文书院大学史——创立八十周年纪念志》，社团法人沪友会 1982 年版，第 80 页。

② 同上书，第 264 页。

③ ［日］西本省三：《支那思想と现代》，春申社 1922 年版；［日］西本白川：《大儒沈子培》，春申社 1923 年版；［日］西本白川：《康熙大帝》，春申社 1925 年版。

④ ［日］黑龙会编：《东亚先觉志士记传·列传·木野村政德》下卷，东京：原书房 1966 年版，第 653 页。

1929年1月，日本九州大学大岛直治教授专向四年级学生举行特别讲授。

表3-2　　　　　　　　1921年东亚同文书院教职员名录

职务	教师姓名	教授科目	毕业院校
院长	根津 一	伦理	陆军大学
副院长	石川 一	/	东京大学法科
教头兼教授	福冈禄太郎	国法、商法、国际私法	东京大学法科
教授	青木 乔	中国时文及尺牍	日清贸易研究所
教授	丸岛 清	经济学、经济政策	东京大学法科
教授	大村欣一	中国政治、制度、通商史	东京大学法科
教授兼干事	真岛次郎	中国语	东亚同文书院
教授	林源三郎	商业学、财政学、行政学	京都大学法科
教授	山崎百治	农工学、有机化学、农产制造学	东京大学农科
教授兼寮监	大胁菊次郎	法学通论、宪法	东京大学法科
教授	松永千秋	中国语	东亚同文书院
教授	马场锹太郎	中国地理、商品学、中国经济	东亚同文书院
教授	和田喜八	商业学、商业算术、会计	神户高等商业学校
教授	虎尾正助	英语、商业实践、商业英语	美国林肯商业学校
教授	向后顺一郎	日本语	早稻田大学
教授	山田谦吉	汉文	东京二松学舍
教授	藤原茂一	英语、中国商业习惯	东亚同文书院
教授	山田 吴	冶金学、采矿学、矿床学	京都大学工科
教授	清水懂三	中国语	东亚同文书院
教授	盛浦文昌	中国语	东亚同文书院
教授	铃木择郎	中国语、会计	东亚同文书院
教授	尾崎金右卫门	测量学	东亚同文书院
教授	高须进一	有机制造化学	东亚同文书院
讲师	斋藤昌义	有机制造化学	东亚同文书院
讲师	宫下勇	机械学、电器工学、水力学	东京大学工科
讲师	越路畅	无机制造化学、电气化学	东京大学工科
讲师	朱荫成（绍棠）	中国语	/
讲师	述功（建勋）	中国语	/
讲师	李秀昌（山晨）	中国语	/

续表

职务	教师姓名	教授科目	毕业院校
讲师	许支百（天随）	英语	/
讲师	デカーソン	英语	/

资料来源：［日］大学史编纂委员会：《东亚同文书院大学史——创立八十周年纪念志》，社团法人沪友会1982年版，第119页。

20世纪30年代的同文书院，汉语语言教育已经相当成熟，不仅对于通行的国语要求熟练掌握，并且对于高年级的学生，同时要求掌握一部分的方言，以便在大旅行调查中取得更好的效果。因此，针对高年级的学生，学校开设了一门课程，即汉语特别讲座。这门课程每周一个小时，起初并没有想到能够邀请到像鲁迅这样的文化界名人，所以并没有规定演讲人的身份，小学教师、商人都是邀请的对象；演讲的话题也没有限制。

曾经留学日本的鲁迅先生，在他寓居上海期间，通过同文书院的铃木择郎教授，促成了他前往书院演讲，"这是鲁迅给日本学生作的唯独一次演讲"①。

铃木择郎教授和鲁迅的认识，尚在铃木留学于北京大学期间。鲁迅给学生授课，因为浙江绍兴口音太重，和铃木住在一个屋的中国学生对此十分不满，抱怨说"这个日本人不怎么样，我这个中国北方人一半都听不明白"。②铃木因此对鲁迅留下了很深的印象。时隔十余年以后，铃木和鲁迅在内山书店谈起当年留学北大的见闻，两人的距离也被迅速拉近，铃木趁机向鲁迅请求前往书院讲学，身处险境的鲁迅竟然马上答应。③

1931年4月17日，鲁迅前来书院讲座，四年级学生参加，题目是"流氓与文学"，一同前往的还有两位日本友人增田涉和镰田诚一。24日，书院给鲁迅寄去车马费12元。④

---

① 陈弘：《深切的怀念和敬意——日本朋友回忆鲁迅在同文书院的演讲》，《人民日报》1981年9月19日，第7版。

② ［日］铃木康雄：《我が故郷東亜同文書院と父鈴木択郎》，愛知大学東亜同文書院大学記念センター編《東亜同文書院大学と愛知大学》第3集，愛知大学1995年版，第38页。

③ 1931年4月，对于鲁迅来说是一个非常时期。1930年春，国民党浙江省党部以"堕落文人"的罪名通缉鲁迅。1931年2月，柔石、殷夫等五位青年作家被秘密杀害，白色恐怖笼罩上海。

④ 鲁迅：《鲁迅日记》，人民文学出版社1976年版，第737页。

此外，东亚同文书院还邀请很多中国方面的重要人物来书院讲座。其中较为重要的有，1927年12月12—15日，胡适前往书院专题讲座，"中国近代的四个思想家"①。

表3-3　　　　　　　　　1930年东亚同文书院教职员名录

职务	教师姓名	教授科目	毕业院校、学位
院长	近卫文麿	/	公爵
副院长	冈上 梁	/	文学士
教授	古川邦彦	宪法、法学通论、商法	法学士
教授	坂本义孝	英语	东亚同文书院商学士；文学硕士*、哲学博士*
教授	林源三郎	财政学、民法、交通论	法学士
教授兼教头	马场锹太郎	商品学、中国时事研究、商业地理、中国经济情况	东亚同文书院商学士
教授	小崎乙彦	英语、商业通论	东京高等商业专科
教授	和田喜八	商业算术、保险论	神户高等商业学校
教授	藤原茂一	英语	东亚同文书院商学士
教授	山田谦吉	哲学概论、汉文	东京二松学舍
教授	大串哲雄	汇兑、银行及金融、商业政策、工业政策、统计学汇兑	经济学学士
教授	有本邦造	会计学	山口高等商业学校
教授	森泽磊五郎	日语、英语、商业通论	东亚同文书院商学士；文学学士*
教授	高桥 协	日语（中华学生部）	
教授	铃木择郎	汉语	东亚同文书院商学士
教授	大谷孝太郎	在东京研究中	商学士
教授	久重福三郎	在欧美研究中	东亚同文书院商学士
教授	久保田正三	中国经济状况、工商经营、贸易实务、商业通论	东亚同文书院商学士
教授	穗积文雄	经济原论、会计、仓储论、交易市场论、经济学史、货币论	经济学学士

---

① ［日］大学史编纂委员会：《东亚同文书院大学史》，社团法人沪友会1982年版，第126页。《胡适之先生年谱长编初稿》对此的记载略有不同：首先时间是11月到12月；其次，题目是"中国近三百年的四个思想家"。四位思想家分别是：顾炎武、颜元、戴震和吴稚晖，这四次演讲的材料整理以后，就是后来的《几个反理学的思想家》。胡颂平编《胡适之先生年谱长编初稿》，台北联经出版公司1984年版，第696、710—716、718—719页。

续表

职务	教师姓名	教授科目	毕业院校、学位
教授	熊野正平	汉语	东亚同文书院商学士
教授	小竹文夫	中国史、中国思想史、制度律令、中国经济状况、中国时事问题研究	东亚同文书院商学士、文学士
助教授	山崎伊太郎	体操	/
助教授	影山 巍	汉语	/
助教授	野崎骏平	在北京研究中	东亚同文书院商学士
助教授	福田胜藏	汉语	东亚同文书院商学士
助教授	彭阿木	日语（中华学生部）	东亚同文书院商学士
讲师	寺中猪介	日语（中华学生部）	
讲师	坂本一郎	汉语	东亚同文书院商学士
讲师	冈本乙一	国际法	法学士、*高等法院律师
讲师	中岛 权	日语（中华学生部）	商学士
讲师	照冈佑兼	心理伦理	文学士
讲师	エッチ·クリーネー	英语	/
讲师	アイ·メーソン	英语	/
讲师	朱荫成	汉语	监生
讲师	龚煜	汉语	/
讲师	述功	汉语	秀才
讲师	程朴洵	汉语	早稻田肄业
讲师	齐勋	汉语、时文尺牍、国文（中华学生部）	秀才
讲师	董寿朋	英语（中华学生部）	圣约翰大学学士
讲师	李淇	中华学生部日语、中文尺牍	法学士
讲师	张其耿	中华学生部日语、商业算术、会计	东亚同文书院商学士
讲师	蒋蕰	上海语	/

* 表示该项学位在欧美取得。

资料来源：[日]大学史编纂委员会：《东亚同文书院大学史——创立八十周年纪念志》，社团法人沪友会 1982 年版，第 132—133 页。

东亚同文书院作为日本学校，不少亲日派也前往讲学：1928 年 12 月

2 日，殷汝耕①受邀讲座，"中国建设事业和中日经济"；1929 年 4 月，陈彬龢②专向四年级学生举行特别讲义。

三　后期教师阵容

1932 年以后，东亚同文书院利用较为特殊的地理位置，也吸引了一些学者前来讲学：

1933 年 4 月，芳泽谦吉外相在学生会馆发表演讲；1934 年 1 月 6 日开始，东京大学土方成美教授出讲特别课程"统制经济"，三年级、四年级学生都参加了讲座；1934 年 12 月 17 日开始，京都大学作田庄一教授向三年级、四年级学生讲授"国民经济和世界经济"；1936 年 1 月 14 日开始，东京大学立作太郎教授前往授课，三、四年级的学生参加；1938 年 9 月，东亚同文会理事林毅陆来华，在文治堂演讲"国际政治"；1938 年 12 月 19 日，京都大学谷口吉彦教授对高年级学生的特别讲义；1939 年 5 月 4 日，东京商科大学上田贞次在交通大学文治堂讲座。

此外，还有国际上知名的日本民法专家、东京帝国大学教授我妻荣；神户商业大学的金融学教授新庄博；成城大学校长、财政学专家高垣寅次郎教授；讲授《英国自由贸易运动史》的中山伊知郎博士；研究东印度公司以及纺织女工问题的罗伯特·欧文等等，都在学校开讲，并且受到学生的一致好评，多年之后记忆犹新。

表 3 - 4　　　　1940 年东亚同文书院升格大学时教职员名录

大学职务	书院职务	教师姓名	教授科目
大学校长	院长	大内畅三	/
预科长	教授兼教头	马场锹太郎	/

---

① 就在此前不久，殷汝耕曾代表国民北伐军与日军交涉"济南事变"，因为立场软弱，遭受舆论谴责；1928 年"一·二八"事变、1933 年日本侵略热河，殷汝耕都是和谈的参与者，分别协定《淞沪停战协议》、《塘沽协定》，因为其主张多附和日方的要求，与日军关系极为密切；1935 年底，出任伪冀东政府主席。参见何立波、宋凤英《昙花一现的冀东伪政权》，《百年潮》2005 年第 11 期。

② 陈彬龢在文字学和书法领域多有创见，30 年代出任上海《申报》总编辑，1938 年日军占领上海后，再次出任《申报》总编辑，与侵华日军狼狈为奸，要求国人为日军侵华服务，影响极为恶劣。参见胡平《抗战烽火中的历史画卷》，《粤海风》2005 年第 4 期。

续表

大学职务	书院职务	教师姓名	教授科目
大学学生监、预科生徒监、讲师	学生监兼教授	中内二郎	民法
预科教授	教授兼研究部主任	铃木择郎	汉语
/	教授兼学生主事	久重福三郎	统计学、东洋经济状况
预科干事	教授兼干事	久保田正三	贸易实务
预科教授兼生徒主事	教授兼图书馆主任	熊野正平	汉语
/	教授兼大旅行指导室主任、人口问题研究室主任	小竹文夫	东洋经济史、东洋思想史、中国文化概论
预科教授	教授	福田胜藏	汉语
预科教授兼预科教务主任	教授	野崎骏平	汉语
/	教授	林 哲夫	英语、会计学、工业会计
/	教授	宫下忠雄	金融论、货币论、银行会计、银行信托
预科教授	教授	坂本一郎	汉语
预科讲师	教授	户田义郎	会计、工商经营
预科讲师	教授	太田英一	保险论、外国汇兑论、商业数学、经济原论
讲师兼寮监	教授兼寮监	山崎伊太郎	体操
/	教授兼学生主事	成宫嘉造	商法、行政法总论、东洋法制史
预科讲师	教授	樱川影雄	心理、伦理、哲学概论、科学概论
预科教授	教授	山田 厚	汉文
/	教授	重光 藏	国际法、战时国际法、东洋外交
预科教授	教授	斋伯 守	汉文、伦理、修身
预科讲师	教授	堀江义广	交易市场论、商业概论
/	教授	广江贞助	社会学、经济原论、社会政策
预科讲师	讲师	上田信三	自然科学
预科讲师	讲师	龟井秀雄	教练
预科教授	教授	内山宫三	英语、伦理、心理
预科教授	教授	若江得行	英语
/	讲师	岸川 正	国际私法、民法

续表

大学职务	书院职务	教师姓名	教授科目
预科讲师	教授	岩尾正利	汉语
预科教授	讲师	五味 一	历史
/	讲师	飞石初次	/
/	讲师	石川正一	英语、经济史
/	讲师	今中次麿	/
/	临时讲师	高木信道	商品学
预科临时讲师	临时讲师	靳鸿	汉语
/	临时讲师	田德宝	汉语
/	临时讲师	靳麟	汉语
/	临时讲师	张庆蕃	汉语
/	临时讲师	曹天荫	汉语
/	临时讲师	エッチ・クリーネ	英语、德语
/	临时讲师	ロバート・ランドルフ・レーブン	英语、法语
配属将校	配属将校	下川三藏	/
校医	校医	中原 忠	/
寮监	寮监	神崎多祢	/

资料来源：[日]大学史编纂委员会：《东亚同文书院大学史——创立八十周年纪念志》，社团法人沪友会1982年版，第157页。

不能被忽视的还有书院中的中国籍教师，他们并非声名显赫的学者，大多数只是以教授汉语为生，但是在日本侵略中国以后，表现出强烈的民族气节。1938年2月2日，曾就学于早稻田大学的程朴洵教授在长崎临时校舍自杀，调查结果是因为不愿意看到日本侵略自己的祖国，精神苦闷而致。全体日本师生对此均表示了痛惜。①

相比之下，1941年1月17日，伪上海市市长陈公博前来演讲《统制经济与计划经济》，听讲学生对比两位中国人之举动，自然立判高下。

---

① 但是不到一个月以后，在战争中从事翻译的学生石井胜遇难遗体被送回日本长崎时，学院不仅为此在临时校舍内开坛悼念，更有1000余名当地居民前往送别。[日]大学史编纂委员会：《东亚同文书院大学史》，社团法人沪友会1982年版，第151页。

第三节 学生及其生活

一 学生来源

对于东亚同文书院而言,要保证能够长期维持,最关键的是招生及其有关的经济来源问题。[①]

1899年12月,贵族院议长、东亚同文会会长近卫笃麿致信日本各府县行政长官[②],请求资助本县学生前往中国留学。从第1期入学的情况来看,只有三个县,即广岛、熊本、佐贺县有生员派出。原因是,12月各府县收到希望公派学生留学的函件时,大多数府县1900年的预算已经审定,因此本年未能派出成行,1901年开始,各府县将派出留学生前往东亚同文书院(大学)作为地方预算,1900—1939年共派出1975名,1939年升格为大学以后,又派出449名。[③]

除了府县派遣入学的学生,还有其他形式的公费生,分别由有关教育会、工商企业公司或其他机构资助。尤其是各县的教育会,对于募集学生的宣传相当重要,如1905年4月29日、5月30日,在《岐阜县教育会杂志》上相继刊登的《东亚同文书院留学生募集》和《东亚同文书院学生选拔考试》[④];在东亚同文书院的前期,秋田县育英会派出共7人,岛取县劝学会派出11人,等等,共计45人。而1920年以后,机构派出呈现

[①] 东亚(南京)同文书院成立之时,资金来源非常复杂,主要是东亚同文会的款项,另外还有很多个人性的捐助也发挥了极大的力量,如柏原文太郎等人以个人名义的捐款,在书院财政上有重要贡献,参见东亚同文会《续对支回顾录·列传·柏原文太郎》下卷,原书房1973年版,第658页。

[②] 信中的详细内容,可参见第一章第三节。

[③] 数字来源:参见〔日〕松谷昭广《东亚同文书院的府县费派遣生——以1900—1920年代为中心》,《日本教育史学》,2002年10月,第45集;〔日〕佐佐木享:《东亚同文书院入学者的群像——渡海求学的年轻人们》,爱知大学东亚同文书院纪念中心:《同文书院记念报》,2003年3月,第11期。

[④] 分别载《岐阜县教育会杂志》第127期、第128期。

第三章　东亚同文书院的众生相　107

多元化：南满洲铁道株式会社共派出 126 人，外务省资助 24 人①，岛取县劝学会派出 18 人，秋田县育英会派出共 12 人，来自长春商业学校的有 10 人，新京商业学校资助 9 人，东洋协会资助 6 人，青岛民政府资助 5 人，等等，共计 236 人。1939 年，升格为东亚同文书院大学以后，机构公费生的来源略有变化：大阪每日新闻社和南满洲铁道株式会社均为 25 人，华北交通株式会社资助 17 人，外务省 11 人，朝鲜总督府和岛取县劝学会均为 9 人，和歌山竹中养源会和上海居留民团各派出 5 人，等等，共计 116 人。② 还有一部分极为特殊的学生，称为准公费生③，由国家机构、州府、府县的自治郡、部分市町村④、殖民地行政机构、教育机构、财团法人、协会和私人团体（如鹤见总持寺、黑龙会）推荐入学，但有关学费资金的使用又不同于公费生、自费生。

此外，还有一部分自费学生，学院时期共计 688 名，大学时期共计 384 名。府县派遣生、公费生和自费生具体的分布，可以参看表 3－5。

表 3－5　　东亚同文书院（大学）学生经费来源分布

入学期次	府县派遣生	公费生	自费生	三项共计	实际入学人数
1	55	2	19	76	79
2	A	A	A	A	96（88）[D]

---

①　1918 年 8 月，第一批由满铁和外务省推荐的委托生入学，同期，政治科停止招收新生。参见［日］大学史编纂委员会《东亚同文书院大学史——创立八十周年纪念志》，社团法人沪友会 1982 年版，第 114 页。

②　佐佐木享：《东亚同文书院入学者的群像——渡海求学的年轻人们》，爱知县丰桥爱知大学东亚同文书院纪念中心：《同文书院记念报》第 11 期，2003 年 3 月，第 13、22、26 页。

③　"准公费生"的名称正式出现在东亚同文书院第 14 期有关招生的章程之中，但是根据入学人数及其学费来源，其中就有人属于这样的情况，根据章程，第 19 期后结束了这种特殊推荐。但是根据佐佐木享的研究，第 20 期、第 30 期各有一人属于这样的特殊推荐。

④　在明治末期的 1903 年，全日本共有 13532 个市镇村，其中市 60 个，镇 1121 个，村 12351 个；目前日本的行政区划分为东京都、北海道、大阪府、京都府和 43 个县；截至 2006 年 3 月 31 日，都道府县下设 777 个市、846 个町、198 个村。明治时期材料可以参看［日］西川俊作、山本友造编《日本经济史》第五卷，《产业化的时代（下）》，北京：三联书店 1998 年版，第 195 页。

续表

入学期次	府县派遣生	公费生	自费生	三项共计	实际入学人数
3	65	0	1	66	68
4	70	1	5	76	84
5	96	0	0	96	104
6	94	0	1	95	96
7	88	0	0	88	88
8	76	0	0	76	76
9	86	0	0	86	86
10	82	0	0	82	82
11	82	0	0	82	82
12	87	0	3	90	90
13	58	5（16）※	3	82	82
14	60	3（19）	19	101	102
15	71	4（10）	19	104	107
16	84	6（14）	14	118	123
17	77	5（11）	24	117	117
18	83	2（17）	2	104	104
19	93	17（14）	15	139	139
20	89	27（1）	22	139	139
21	90	28	1	119	119
22	79	25	9	113	113
23	76	19	18	113	113
24	75	12	32	119	119
25	67	12	39	118	119
26	70	18	21	109	111
27	68	13	14	95	96
28	69	9	13	91	92
29	69	14	20	103	103
30	62	6（1）	26	95	96
31	51	5	15	71	74
32	42	4	33	79	79
33	44	4	29	77	77
34	55	7	35	97	97

续表

入学期次	府县派遣生	公费生	自费生	三项共计	实际入学人数
35	49	10	52	111	111
36	49	7	55	111	111
37	51	8	56	115	115
38[B]	33	8	50	91	91
39[B]	19	1	23	43	43
40	70	13	84	167	167
41	75	23	63	161	161
42	82	25	65	172	172
43	88	24	71	183	183
44	91	25	60	176	176
45	43	6	41	90	90
合计	3066	398（103）	772	4339[C]	4771

说明：※括号中的数字为准公费生。

[A] 数字来源缺失；

[B] 第1期入学年份为1901年；第38、第39期入学年份均为1938年，第38期指按规定学习年限毕业者，第39期为推迟毕业者；从1939年第40期开始，学院升格为大学，学生数目也包括这个时期的预科生；

[C] 实际入学人数超过府县派遣生、公费生（含准公费生）和自费生总和的原因是，还有诸如实习生、进修生等等特殊入学的情况。

[D] 参加华族会馆入学仪式的人数为88人。

资料来源：佐佐木享：《东亚同文书院入学者的群像——渡海求学的年轻人们》，爱知大学东亚同文书院纪念中心：《同文书院纪念报》，2003年3月，第11期，根据其中表2（第10页）、表6（第18页）、表11（第25页）整理；部分数据还参考了沪友会《东亚同文书院大学同窗会名簿》，1990年版。

东亚同文书院从1921年设立中华学生部（参见本章第三节）以来，总计还有大约400名中国学生就学。

中华学生部的学生来自三个方面：官费生、日本驻华机构推荐免试生[①]、自费生。提供官费生的机构包括了中国政府和附属的教育机关，东亚同文书院章程中规定：北京教育部、各省教育厅、各县行政长官、各省

[①] 自1928年中华学生部第十次招生开始，入学学生一律必须通过考试选拔。

教育会、各地中学校长，有推荐资格①。日本驻华机构获取推荐中国学生资格的有：日本驻北京公使馆、日本驻中国各领事馆、汉口同文书院、天津同文书院、日本在中国开设之中学。②

以 1921 年 5 月入学的中华部学生第 2 期、预科第 1 期为例。公费生共计 10 名：政府公费生 5 名（直隶 4 名、江苏 1 名），校长推荐公费生仅有山东 1 名，其他方式的公费生 4 名均来自广西。自费生共计 25 名：政府推荐自费生 8 名（湖北 6 名、浙江、吉林各 1 名），各学校推荐的自费生有 12 名（湖北 7 名、直隶、奉天各 2 名、山西 1 名），考试考取的自费生 5 名（安徽两名、湖北、浙江、广西各 1 名）。

以上入学的 35 名学生中，公费生不到三成，自费生七成略强。此后十年中，预科入学人数保持在 30 人左右，公费生的比例更小。而日本的公费生比例超过九成。1921 年，正是中国资产阶级和经济发展的"黄金十年"，"黄金时代到来之时，正是国家政权衰微之日，国家对经济领域的干预荡然无存，由此证明当时经济活动享有的自治使之不受政治体制的影响"③，这固然合乎情理逻辑，但考虑到处于同一社会中的教育领域，这种社会结构迫使中国的教育事业不得不停留在"小农方式"的阶段，其结果却是使社会发展自身缺乏足够的活力和补充。

1922 年 1 月，东亚同文书院扩大招生模式，由马场锹太郎主持，在青岛、济南、北京、天津、奉天（沈阳）、开封、汉口、九江、南昌、南京、苏州 11 地招生，第三回招生共通过 30 多名，此后的招生规模大至如此，一直到中华学生部 1931 年停止招生为止。

二 校园生活

到了上海以后，东亚同文书院给学生建立了专门的宿舍。1908 年，

---

① 1920 年 7 月 24 日，东亚同文书院与北京（北洋）政府教育部签订的协议中，规定：入学学生由各省教育厅或省长公署教育科选送，酌量给予地方公费；北京学生由教育部学务局选送（参见本章第三节）。但是在实际的招生中，各地的中学和教育会也推荐了学生，甚至有公费生。

② ［日］大学史编纂委员会：《东亚同文书院大学史——创立八十周年纪念志》，社团法人沪友会，1982 年版，第 177 页。

③ ［法］白吉尔：《中国资产阶级的黄金时代》，张富强、许世芬译，上海人民出版社 1992 年版，第 78 页。白吉尔所指的"黄金时代"是 1911—1937 年。

已经有三座宿舍。东寮 14 间，北寮 12 间，南寮 18 间①，一共可以容纳 260 多名学生居住。每间平均六人居住，选举舍长一名进行管理，校方派遣寮监（最开始称为"舍监"）进行管理。② 1906 年 4 月，由第 3 期学生三浦义臣作词的"天下之名皆足食"被选为最初的寮歌③；1917 年，由第 16 期生大矢信彦作词，题名为《长江之水》的歌曲被定为学生宿舍的"寮歌"。④ 宿舍管理问题多次引发学生与校方纠纷，与饮食制度一起还引发过一场轩然大波：学校规定不允许酒后在宿舍内喧哗、熄灯前必须回到宿舍，但是学生经常因为各种原因违反这项规定。1920 年前后，第 1 期学生远藤保雄担任学生监，对宿舍制度再次强调，"一旦违反者一定严厉处罚"。但是学生们都认为是一时的严格，不会真正执行。到了毕业的季节，学生们成群前往"南风阁"聚餐，喝醉以后一般都前往龙华的酒店和饭店休息，但这次学生们却酒后失态，酒醉中决定返回学校（也有说法是摔跤部的学生桥本俊三在南风阁喝醉以后，乘坐黄包车直接回到学校），大闹寮监室，甚至有人在寮监室裸奔，M 寮监正在上海会见前来拜访的福冈教授，接到电话后急忙赶回学校，与教头、远藤保雄等教职员一起制止学生的荒唐行为。教授会开会两三天，最后决定桥本在毕业两个月以后被追加处以退学，裸奔的小山秋平被处以无限期停学（后补考毕业）。⑤ 从此之后，宿舍管理得到肃清，风气为之一振。

食堂也是按照宿舍的安排，每六人一桌就餐，早餐按照日本的做法，

---

① 南寮是原有的建筑；北寮于 1902 年 3 月启用；东寮 1903 年 6 月建成。
② 寮监通常由教师出任，如早期的教授森茂、西田龙太；中期的小田胜太郎、和田连次郎等。寮监与学生的关系变化颇大，1910 年 12 月，就因为学生要求撤换寮监土屋等五人，举行了班级联合会（連合クラス会），对于校方的宿舍管理方式提出强烈反对意见，引发东亚同文书院的第一次罢课行动。
③ ［日］大学史编纂委员会：《东亚同文书院大学史》，社团法人沪友会 1982 年版，第 101 页。
④ ［日］沪友会：《东亚同文书院大学同窗会名簿》，1990 年版，第 4 页。
⑤ ［日］大学史编纂委员会：《东亚同文书院大学史》，社团法人沪友会 1982 年版，第 472 页。

中餐和晚餐都是六种菜，一般是按照中国的做法。① 从 1901 年桂墅里校舍建校开始，中国人李方源主持学校食堂长达 22 年，其间虽然有一些纠纷，例如学校遭遇战祸、物价飞升，尤其是有相当多次抵制日货的运动，都造成了食堂与学生的冲突，但是，李方源是一个热心真诚、善于处理矛盾的聪明人，食堂内部的关系也非常融洽。1923 年 8 月，李方源退休，其子李敦秀接任。食堂在卫生、烹饪、营养方面一如既往受到学生和校方的肯定。1928 年 6 月，施行了 28 年的合同到期，学校和学生团体决定从该年 7 月 1 日开始，由学生自主进行食堂的管理和生产。② 趁此机会，校方斥资改建了食堂，并且将设备和饮食器具更换一新，这些工作的实际执行者是两名在校学生，一位是三年级的重松敏夫③，一位是四年级的冈一弘④。

学校内开设了"里头铺子"，通常高年级学生迎接低年级学生时，都召开"好的会"，"好的"就是"好的点心"的简称，如"波罗蜜"罐头就是首选。还有书院食堂的"煮一煮"作为特别料理，是学生改善伙食（添菜）的首选。特别 1917 年徐家汇新校舍启用以后，周边的饮食行业也得到迅速的发展，即"外头铺子"，有"如胜亭"、"长胜亭"、"雅安斋"、"同文村"等，吃的有炒面、炒饭、汤面、甜酒蛋等等，尤其是其中的炒面，给日本学生留下了深刻的影响，很多年以后还在回忆其味道，甚至感叹做法没有得到流传甚为可惜。⑤

校园内环境也相当优美，庭院的整理和维护由学生中选举卫生委员负责。书院也受到中国百姓生活的影响。英语教师佐原笃介回忆在上海退省路时期的生活，学生们不仅穿日本式样的衣服，也穿西服，有时候还着清

---

① 在日本，"中华料理"确实是极其受欢迎的，然而，日本人并不太适应中国餐饮的方式，很多人在回忆录中都谈到这一点，包括第二任院长杉浦重刚离职回日本也有这个原因。但是，很多学生也谈到因为在学校的食堂逐步适应了中国的饮食方式后，适应能力大为增强，在大旅行调查中倍加受益。

② ［日］大学史编纂委员会：《东亚同文书院大学史》，社团法人沪友会 1982 年版，第 127 页。

③ 重松敏夫曾担任自治会会长。毕业以后，曾工作于满铁铁道部，负责铁道运输中地方的治安；中日战争期间担任哈尔滨监理所长，国际运输支社次长，负责向日本本土运送粮食。

④ 冈一弘毕业以后任职于伪满司法部、外交部。

⑤ ［日］大学史编纂委员会：《东亚同文书院大学史》，社团法人沪友会 1982 年版，第 548、550 页。

装，把假发辫子也戴着，很是有模有样的。① 1906 年，一位英国军人（Carton）参观了东亚同文书院，他的访问记发表在上海《星期六周刊》上，一度引起轰动。② 文中谈到学院最引人注目的是一部分学生的发型，一些学生买来中国式样的假发辫，称为"着物"；也有政治科的某些学生，按照中国的方式蓄发，还专门拍摄照片以示纪念③，到毕业时已经和中国人难以区分。

校园生活离不开各种文娱活动的开展，这也就促成各个俱乐部、运动部和茶话会的出现。俱乐部的活动有专门的俱乐部委员进行管理，由学生中通过选举产生④；运动部包括赛艇、篮球、棒球、柔道和剑道等。

学生团体学友会成立，很能代表学生组织自发到自觉地过程；它作为东亚同文书院最大的学生课外活动机构，是在原有的很多专门组织之上整合的一个综合性组织。如远足部本来一个月开展一次郊游；茶话会经常邀请上海名流、本校的年轻教员一起畅所欲言，单是各个活动组织之间没有联络，财务关系相互独立，尤其考虑到马上将有毕业生，学长学弟之间的联系需要一个常设机构来维持⑤，为此，1902 年末开始，由各个活动部的委员们，包括山田胜治、大间知芳之助、大原信、横山吏弓、神津助太郎主动游说和奔走，终于在 1903 年春天成立了学友会。东亚同文书院的学

---

① ［日］佐原笃介：《追忆录》，载《同文会报》，1909 年 6 月。

② Carton 在文章中，曾转引一位清朝官员的谈话："1870 年德法战争的时候，德意志人对于法国的事情比法国人还要了解；日本对中国也是如此。"可见中国人多有这样的认识，却没有付诸弥补行动，终酿成后来的惨局。Carton 文中还指出"日本民族的风俗习惯完全都是'斯巴达'式的，富于爱国激情、任劳任怨、勤勉无比的人民……必然在政战、商战的历史上予以重大的影响"。这也很含蓄地指出了日本军国主义的可能。Carton 的文章发表在上海 *Saturday Review*，主要内容转引于［日］大学史编纂委员会《东亚同文书院大学史——创立八十周年纪念志》，社团法人沪友会 1982 年版，第 94—97 页。

③ 1903 年 3 月，共计 27 人参加了蓄发纪念照，其中学生 26 名，另一人是学校门卫久我（日本人），照片参见［日］大学史编纂委员会《东亚同文书院大学史》，社团法人沪友会 1982 年版，第 400 页。

④ ［日］大学史编纂委员会：《东亚同文书院大学史》，社团法人沪友会 1982 年版，第 94 页。

⑤ 东亚同文书院在国外办学，使各级学生之间的关系非常重要。一方面，学长在学校享有相当高的地位，甚至在毕业以后仍然影响在校学生与校方的关系，几乎每次罢课运动的解决都有已毕业学生的功劳；另一方面，学弟因为毕业大旅行调查的关系，经常在调查地得到已经毕业学长的帮助。有关这方面的回忆和感谢，在大旅行调查报告中比比皆是。

友会，一直到今天，仍然肩负着毕业生之间的信息沟通和联络，也就是目前的沪友会。沪友会至今仍然保持整理、编辑、出版校友名录，保持校友联系，同时致力于东亚地区文化交流和经济发展。①

1905年5月10日成立的"消费者组合"也是一个非常重要的学生组织。数名学生维持的这个小商店，给师生提供了便利，成立时每日的经营额维持在5—6日元，折合目前（2006年）10万日元（人民币7000元左右），考虑到1902年日本平均国民年收入27日元，这已经是一笔较大的收入了，1908年6月的记录表明，商店的经营额已经提升到12—13日元（折合目前20万日元）。②

因为在国外办学，就必然涉及汇兑的问题。日元在1930年以后一直比较坚挺，最强的时候1日元可以兑换上海本地货币2元40角以上，学校按规定应该每周向学生发1日元零花钱，学生借此可以去虹口私自兑换法币，利润不菲。后来学校改为发放上海本地货币1元，汇兑差价由校方占用了，据学生回忆，这个差额多的时候达到上海本地货币130元以上③，这也是引起1930年大罢课的一个重要原因。

三 左翼学生运动

1917年2月26日，陆军少将大岛新就任东亚同文书院监督，森茂教授就任教头④。大岛新和学生关系相处不是很好，在大矢信彦（第16期学生，寮歌《长江之水》的创作者）编辑的校内杂志《赤瓦》上，大岛新被称为"彼"，这种一反日语通常称呼姓氏习惯的行为，被认为是带有鄙视的意味，学生久保田正三（同为第16期学生）和大矢信彦为此被学

---

① 在《沪友会定款》中还规定：在实现东亚文化交流、经济发展的基础上，还要出版会报；培养有利于东亚亲善的人才；翻译有关的东亚书籍；收集有关的信息。参见《社团法人沪友会定款》，收入［日］沪友会：《东亚同文书院大学同窗会名簿》，1990年版，第5页。
② ［日］大学史编纂委员会：《东亚同文书院大学史》，社团法人沪友会1982年版，第101页。
③ 同上书，第540页。
④ 后来发生学生反对大岛的运动中，学生们反复强调森获得了学生们的一致爱戴，森也一直没有出面支持大岛，但是实际上两人关系应该很不错，因为早在森茂就任教头时遇到了相当的阻力，在满同窗会就表示了非常大的反对意见，根津一坚持对森茂的任命，获得了大岛新监督的同意，森茂才得以出任。参见［日］大学史编纂委员会《东亚同文书院大学史》，社团法人沪友会1982年版，第453、262页。

校领导召见询问。大岛直接向杂志写信质问："这个'彼'是指谁?"大矢信彦年轻气盛,直接回信:"'彼'是第三人称。"因此,《赤瓦》以"诽谤学校当局"被停止发行。1918 年 10 月,为了解决宿舍管理问题,学生们自发成立学生自治会,久保田正三和中山优(同为第 16 期学生)出任正副自治委员长。学生和大岛监督的矛盾日益激化,大岛仍然强调饮食决不允许带回宿舍,但是学生对此不以为然,甚至公然违抗,以至于另外一位寮监宇治田直义①批评"自治会简直就是自乱会"。

但是久保田正三和中山优等人毕业以后,仍然受到学校的重视。久保田正三作为学校教师培养对象被资助前往美国留学,学成后会校担任教授(参见表 3-3、表 3-4),甚至在 1943 年出任东亚同文书院大学专门部部长;直到 1944 年,因为与本间喜一校长意见不合辞职,才离开东亚同文大学②。中山优的经历略微复杂:入学之初,中山就经常逃课外出吃喝,边喝酒边打网球;在上海到处拜访学长前辈;甚至任性到因为一时情绪低落,就决定休学回家。根津一院长得知这样的情形,将《传习录》上卷交给他,"将此本读完再来学校"。中山优读后颇受鼓舞,不久后回到学校继续学业。到了毕业的时候,中山优的出勤率太低,以至于无法参加期末考试,如果因此受到留级惩罚,数罪并罚就面临退学的处分,友野寮监等人为此甚至流泪叹息。中山优的同乡、以王道复辟论著称的西川省三得知他要退学的消息以后,曾经当面向根津校长求情,但是也没有任何效果。中山优持肄业证书和根津一院长的介绍信——"该生虽然未能毕业,但是能力实在毕业生之上"的誉称,得到大阪朝日新闻社长上野理一的赏识,开始担任新闻记者。1937 年,中山优受近卫文麿赏识,出版单行本

---

① 宇治田直义是第 13 期学生,毕业后以东亚同文会事务员出任大阪《新报》外报部长,不久回到学校担任教授兼寮监。此后由学长、第 1 期学生水野梅晓推荐,前往《东方通信》、《支那时报》工作;后曾编辑《支那》、主编《外交时报》,1932 年任中央满蒙协会、日本外交协会、大东亚协会常任理事。他与近卫文麿和阿部信行等关系密切,两人组阁时都邀请宇治田担任重要职务,在兴亚同盟、大正翼赞会等组织担任常务理事、部长等职务。战后,又担任日本外交协会干事长、东邦研究会常务理事,主编外交专业杂志《外交春秋》,著有《近代中国的政治经济》、《中国条约集》、《共和以后》等,对于战后沪友会的重建发挥了极其重要的作用。参见[日]大学史编纂委员会:《东亚同文书院大学史》,社团法人沪友会 1982 年版,第 291 页。

② [日]大学史编纂委员会:《东亚同文书院大学史》,社团法人沪友会 1982 年版,第 454 页。

《对华对策的主流》，并被指定为起草发言稿的秘书，其中最为有名的是"第二次近卫声明"①。1945 年 2 月，中山优在伪满洲国外交部次长下村信贞邀请下出任第一任驻南京全权公使；不久，近卫文麿的长子近卫通隆前往东亚同文书院担任讲师，特别嘱咐委托中山优指导和监督近卫通隆。战后，中山优担任亚细亚大学教授，出版《中山优选集》。②

1930 年 12 月，就在全体学生大罢课事件③结束不到一个月，爆发了第一次学生被检举参与左翼运动的整肃事件。

事件的起因非常偶然：12 月 26 日，日本海军练习舰队的"出云号"和"八云号"途经上海，舰队中 140 名候补上尉前来书院参观。有人在虹口区"土产屋"附近的信筒中向这些候补上尉投递信件 20 封，均为反战宣传册。上海总领事馆接到舰队投诉以后，迅速侦查，发现与东亚同文书院学生有积极密切之关系，乃与校方商议，27 日清晨突入学生宿舍之中，逮捕 8 名相关嫌疑人员，没收全部相关左翼书籍、文件、宣传册等。8 名学生是：第 27 期学生安斋库治④、川濑清，第 28 期学生白井幸行、远藤进，以及第 29 期学生中西功（详见后文）、水野茂、新庄宪光、坂卷隆。

但是最后调查的结果出乎校方的意料，反战宣传的主谋不是这些学生，而是已经毕业的第 26 期毕业生西里龙夫⑤、岩桥竹二，前图书馆事务

---

① 即 1938 年 11 月 3 日，日本首相近卫文麿发表的"建设东亚新秩序"声明，即口头承诺"东亚新秩序应由中日共同主导"、"共同防共"、"经济提携"等，声称只要国民政府答应和解，日军就从华中、华南撤军，华北在名义上属于中国。

② 中山优被誉为"天衣无缝的教育人"，似乎有些不明所以。从个人成长的过程而言，中山断断不是"天衣无缝"之人；从事业成就而言，中山优也并非一生致力于教育业；但是这个称呼出自多人之口，想必有一定的根据。[日] 雅友小山宽二：《望乡庐主人行状记》，转引自 [日] 大学史编纂委员会《东亚同文书院大学史》，社团法人沪友会 1982 年版，第 388—390 页；[日] 中山优选集刊行委员会《中山优选集》，1972 年版。

③ 11 月 21—26 日，学生全体罢课；26 日后校方与学生进入谈判阶段；12 月 4 日，双方各有妥协，全体学生恢复上课。详细内容参见本书第二章第二节。

④ 安斋库治后加入日本共产党，又作为宫本派被除名。

⑤ 西里龙夫在此期间主要受尾崎秀实和王学文的指导，王学文此时正在京都大学师从经济学家、哲学家河上肇学习，后返回延安担任马列学院副院长；尾崎秀实 1941 年和罗纳德·苏格因为泄露日本政府战争机密被判处死刑，即"苏格案"。

员加来淹、田代健一郎。他们组织了"中国问题研究会"①。安斋库治和白井幸行也加入了这个组织，但是他们并没有参与这次反战活动。就是"中国问题研究会"的首脑西里龙夫，他因为正在老家熊本省亲，对此事也一无所悉。整个事件是由岩桥策划和进行的，并没有刻意保密，也没有更深的政治背景。但是，东亚同文书院校方因为刚刚结束的全体学生罢课事件，迁怒于组织这次罢课的学生领袖，但是因为为解决罢课事件，在主管机构外务省的压力下，曾许诺不因为罢课处理任何一名学生，因此苦无机会一泄恼恨。趁此机会，借口学生检举左翼事件，宣布予以安斋库治和白井幸行退学处分，水野茂无限期停学处分；对于包括其余五名被捕成员在内的另外十一名学生，三名处以停学一学期，四名处以停学一个月，四名处以一学期之内禁闭（不得离开学校），一名处以一个月之内禁闭。

1933年3月期间，爆发"第二次学生检举事件"。刚刚毕业的第29期学生高原茂等9名、第30期学生5名、第31期学生2名、第32期学生3名，共计19名学生被检举参与左翼运动，加上稍后也被举发的第29期学生坂卷隆（第一次检举事件中已经被处分），共有20名学生卷入此次事件之中。

"第二次学生检举事件"爆发的原因是"外国兵士委员会"被侦破。其中灵魂人物中西功，早在1932年1月"上海事变"中，在学长的刺激之下前往军队前线亲身体会战争，因而目睹整个事件爆发之原因及过程，更难得的是他保持了独立思考的勇气和能力，清醒地从内部来认识日本，战后不久就写下《来自死亡之壁中》，一针见血地指出："日本军方才是始作俑者，因为应日本军方要求参加了义勇军而得以到战场之中，详细地在侵略战争的发动者队伍中调查，耳闻目睹，因此向所有校友和同学们转告这一切。"② 不久，书院转入长崎，他又在学校内引发众人反思："这次战争突然爆发，学校为此组织大家商议，（最终结果）是反对协助（日本军方）开战，并且统一大家的想法，回到日本继续办学，这是因为学校当局还有一点良心，这一点一定要坚持下去。""我在这场战争中，把反战斗争推到了最前线的地方，并且有准备地公开对于这些内容（战争和反

---

① "中国问题研究会"参与反战海报、宣传品事件的揭发者是商务官事务所打字员力田。
② ［日］大学史编纂委员会：《东亚同文书院大学史》，社团法人沪友会1982年版，第142页。

战）的描写，这也是一次斗争的考验。"①

"一·二八"事变后不久，中西功、武田大典②、坂卷隆和水野成直接或间接地与中国共产党发生联系并加入其中，又成立外围组织"外国兵士委员会"作为行动机构，主要是在上海外国驻兵当中宣传共产主义；高原茂则在学校内成立"马克思主义研究会"③，有不少新成员加入，其中的积极分子更是进入了"中国共产主义青年同盟"，有记载的是第 29 期学生福田清、第 30 期学生竹田芳广、代元正成以及第 31 期学生片山康武。

"外国兵士委员会"的最为成功的行动是在驻上海日本海军指定士兵就餐地点，秘密散发反战海报和宣传册，如"天一中国菜馆"、"安田烧烤店"、"宝亭咖啡屋"等。但是这样的工作非常容易被宪兵机关侦破，很快参与者就以"治安维持法违反嫌疑"被起诉。20 名学生被关押审讯了一个月，大多数都在作出改正保证后被释放，只有四名学生（坂卷隆、高原茂、福田清和代元正成）被起诉并被作出有罪判决，但是仍然在执行前允许以誓言方式保证而没有执行刑罚。至此，东亚同文书院的日本学生反战运动宣告结束。

中西功和尾崎秀实后曾在满铁上海事务所调查室工作，"他们身居满铁调查部却不为日本帝国主义国策服务，而是把满铁调查部逆用为革命的

---

① 《东亚同文书院大学史》对此做出了评论："学生出动并非军方的邀请；'全校讨论'并非事实；书院的回国办学是大内院长的英明判断，事前有周到的准备，并且得到上海总领事的许可才得以实行。"笔者认为不敢苟同：首先，军方多次要求学生前往助战，1932 年 1 月 29 日凌晨 7 时，（日本）上海警备委员会要求 100 名学生前往制作土囊，1 月 30 日再次要求。"全校讨论"也并非没有，29 日关于学生是否前往前线助战的讨论，将上海警备委员会的要求前往，转变为学生以自愿的方式报名前往，这明显是学生自治委员会对战争并不积极的表现，但是因为学生们的冲动，导致 200 多人报名，这可能也是学生自治委员会没有预想到的。另外，学校因为回日本避难，遭到日本在上海侨民的声讨，大内畅三对此却是受到相当大的压力。在这一次事变中，大内的反战态度也是非常明显的，从善意一面而言，大内确实是一位教育家，希望维持教育的正常秩序，保护学生；但是，大内也深知这次事变并非是以攻击上海为目标，而是转移列强对于中国东北的注意力，因此战争双方较 1937 年 "八·一三"事变派出的军事力量要小得多，这也是大内反对学生加入战场很重要的原因。

② 现存第 29 期到 32 期学生名册中，姓武田者只有武田大典一人，但是武田大典是否就是参加左翼运动这位，没有直接的证据，因为现存名册并非完整名册，而且退学者有可能被遗漏。

③ 即"マルクス主義研究会"。

情报工具；他们身为日本人却能超越日本的民族主义，为人类的正义而献身；他们不但是思想观念上的马克思主义者，而且具有义无反顾地无产阶级坚定的革命精神。这在满铁的左翼调查员队伍中实属少数，甚至有人称其为'例外'"。① 中西功后加入日本共产党，曾经作为该党候选人当选日本参议院议员；曾经在轰动一时的"羽田事件"② 中担任指导；著作还有《在中国革命的风中》③。但是其他参与者此后返回国家主义或军国主义的大潮之中：高原茂和福田清毕业后前往"满洲协和会"④ 工作；代元正成和片山康武更是在满铁工作，直到日本战败遣送回国。

在中华学生部，左翼学生运动更为突出。1923年，因为国共合作的关系，共产党员高尔松在东亚同文书院成立了国民党的基层组织，中华学生部学生加入的尤其多，其中就有梅电龙。1924年春，梅电龙当选东亚同文书院中华学生部学生会执行委员，代表东亚同文书院学生会出席了上海市学生联合会议；秋天，梅电龙在贺昌、施存统（即施复亮）介绍下加入中国社会主义青年团，同时在东亚同文书院内部发展团员，很快就得到中、日两国学生的拥戴，成立了徐家汇团支部，因为成员全部都是东亚同文书院的学生，因此又称"同文团支部"⑤，梅电龙担任首任书记。博井由认为，"中共对于共青团书院支部的指导，实际上是党中央直接管理的。担任白区工作的刘少奇和周恩来对同文书院学生的活动评价很高。同文书院出身的日本共产党员后来差不多都属于国际派或中国派是理所当然的"。⑥

---

① 解学诗：《隔世遗思——评满铁调查部》，人民出版社2003年版，第716页。

② 1963年11月29日日本政府借口"羽田事件"强行搜查日中友协（正统）总部、日本国际贸易促进协会及该协会的关西总部等处，日中关系各团体声明抗议。12月4日日本政府非法绑架协助中国杂技团演出的东京华侨总会工作人员陈学全。

③ ［日］中西功：《中国革命の嵐の中で》，青木书店1974年版。

④ 协和会是日本关东军指使满洲青年联盟的积极分子于1932年7月组成的，其作用是代替关东军在台前指导伪满政府的工作，此后，在促成帝制方面也多有迎合。参见［日］升味准之辅《日本政治史》第三册，董果良译，商务印书馆1997年版，第719—720页。

⑤ 梅龚彬著、梅昌明整理：《梅龚彬回忆录》，团结出版社1994年版，第46页。1931年，梅电龙脱党；1932年改名梅龚彬。1933年，参与组织福建人民政府。1937年，梅龚彬任教于广东中山大学，1948年，梅龚彬加入国民党革命委员会中央委员兼秘书长。新中国成立以后，历任全国政协常务委员、全国人民代表大会代表。1965年，出任全国政协副秘书长。

⑥ ［日］博井由：《东亚同文书院大旅行调查研究》，上海书店出版社2001年版，第151页。

1925年2月,梅电龙在恽代英和沈泽民的介绍下加入中国共产党,不久又成立了中共徐家汇支部,梅电龙担任书记,马上在"五卅运动"中发挥了重要的组织和宣传作用,梅本人甚至被誉为"虎将"。

1926年,梅电龙作为中华学生部第2期毕业生,因为国共跨党合作的原因,在中共党组织的安排下,加入了上海国民党市党部,在上海的学生运动中加深了对共产党的认同并得以加入。1927年,梅电龙在张发奎军中任政治部主任,同年4月,国共分裂;7月,武汉国民政府宣布"分共",梅电龙被迫出洋,前往日本留学。

1930年11月,在中国学生王昭乾、郭启蒙的介绍下,两名日本学生(安斋、白井)加入了中国共产主义青年同盟。由于有关日本学生的学费和配给品制度存在问题,安斋、白井组织学生发动全院罢课。学校在彻查过程中,又发现中国共产党在中华学生部中在发展组织。即刻以"在学院内进行左翼组织活动"为名,处以王昭乾、郭启蒙退学处分[①],中国共产党在学院的组织发展暂时停顿。

第四节 毕业生

一 毕业生的总体情况

1907年6月,第4期学生毕业,东亚同文书院第一次对毕业生做出职业区域统计:毕业的四期学生共计268名,其中政治科43名,商务科225名;19名学生未工作(主要是病休或意外死亡),在满洲地区工作的共计98名,华北地区29名,长江以南地区91名,前往朝鲜5名,回到日本国内的26名。在中国工作的毕业生占这一时期毕业生总数的81%,这正是东亚同文会创立这所学校的目的所在,而如此出色的成绩也使明治天皇闻讯后欣然赐赏"兴学奖金"(详见本章第一节)。

因为1939年东亚同文书院升格为东亚同文书院大学,故毕业生的计算按照书院和大学两个时期,也分为两部分进行统计分析的。

在书院时期,即第1期到第39期的毕业生共计3219名,其中政治科

---

① [日]大学史编纂委员会:《东亚同文书院大学史》,社团法人沪友会1982年版,第181页。

116名；商务科2995名；农工科一部25名，二部35名；中华部48名。毕业后就职行业分布如表3-6所示。

表3-6　　　　东亚同文书院第1—33期毕业生职业分布

职业	中国	伪满洲国	日本国内	其他国家	合计	合计※
日本官员	93	50	82	3	228	188
伪满官员	—	272	—	—	272	230
中国官员	10	—	—	—	10	5
独立企业	5	40	156	1	247	245
银行业	42	92	75	3	212	192
工商业公司	269	361	484	24	1138	928
教育	40	18	95	—	153	123
新闻及通信	25	24	46	—	95	94
公益事业	24	10	37	—	71	71
其他	50	17	190	1	258	255
合计	603	884	1165	32	2684	2331

资料来源：《东亚同文书院大学40周年记念志》；[日] 大学史编纂委员会：《东亚同文书院大学史》，社团法人沪友会1982年版，第85页；藤田佳久：《东亚同文书院毕业生的轨迹——东亚同文书院毕业生问卷调查》，载《同文书院记念报》第9期，爱知大学东亚同文书院大学记念中心，2001年；《东亚同文书院目前毕业生状况（截至1927年1月）》，《招生考试旬报》，1927年（昭和12年）11月下旬号，东亚同文书院。

说明：※ 此列所列数据，来源于1927年（昭和12年）11月下旬东亚同文书院《招生考试旬报》中《东亚同文书院目前毕业生状况（截至1927年1月）》，与前一行统计数据时间相差1年，但是其中数据变化惊人；虽然有职业变动的原因，但是不至于如此之大。前一列总计数字相对要更可靠一些，后一列数字只能作为参考数据。

升格为大学以后，毕业生的职业分配更加广泛，以1941年的毕业生为例（括号内为人数）：岩井情报部（1）、南洋局留学生（4）、登部队本部（2）、外务省（4）、汪伪新民会（2）、江海关（2）、南满洲铁道株式会社（8）、满洲中央银行（3）、满洲电线（1）、满洲煤矿（1）、满洲林业（1）、华中矿业（1）、华中铁道股份（1）、华北交通（4）、华北煤炭贩卖股份（2）、瀛华洋行（1）、中华全国火柴产销联营总社（1）、上海纸业（2）；三井物产（2）、三菱商事（5）、三菱重工（2）、三菱银行（1）、三菱仓库（1）、住友金属（1）、住友银行（1）、住友本社（1）、朝鲜银行（1）、台湾银行（3）、台湾拓殖（1）、东洋拓殖（1）、日立制造所大连营业所（3）、大日本麦酒（1）、伊藤忠商事（2）、东洋棉花（2）、岩井洋行（3）、古河电气工业（2）、兼松商店（4）、江商株式会社（3）、日本染料制造（1）、又一株式会社（1）、东洋烟草（1）、浅野物产（1）、东亚制粉（1）、安宅商会（1）、大同纺织（2）、东洋纺织（1）、东亚海运（4）、日本油脂（1）、日商株式会社（2）、大阪每日新闻（1）、武田长兵卫商店（1）、继续深造（1）、个人自营（1）；① 共计101人，其中大约一半在使用汉语的地区。

二 毕业生的众生相

东亚同文书院培养了近五千名学生，在中日关系的舞台上，确实有相当的价值给予历史的回顾。

前几期的毕业生，刚毕业就面临日俄战争的需要，有不少人参与其中。如第一期毕业的箱崎志津摩，以陆军翻译的身份参加了日俄战争，并且加入了"永沼挺进队"，深入蒙古地区腹地。因为他并非陆军战斗队员，却参加了此次相当艰苦的行军作战，被日本当时的满洲军司令大山严通令嘉奖。此后又继续参与谍报和拉拢中国地方豪强的工作，"对于陆军战时战后有关的特殊任务贡献良多"，以至于被称为"白虎队②一样的人物"③。经常向《盛京时报》投稿讨论中国局势，29岁时因为嗜酒过度去世。

---

① ［日］东亚同文会：《事业报告书》，1941年；［日］栗田尚弥：《近代史中的东亚同文书院》，载《东亚同文书院记念报》第12期，爱知大学东亚同文书院记念中心，2004年。

② 白虎队是明治初年会津藩主松平容保为了抵抗新政府军，把藩中武士按年龄编成青龙、白虎、朱雀、玄武四队，白虎队是由年龄十六七岁的少年武士组成。在新政府大兵压境下，会津本城若松很快被包围，藩主松平容保投降，白虎队在几次作战后，只剩二十来人，不愿投降受辱，全部自尽。这些武士的忠义，被视为日本武士道的样板。

③ ［日］黑龙会编：《东亚先觉志士记传·列传·箱崎志津摩》下卷，原书房1966年版，第72页。与这种情况相同的，参加日俄战争的第1期毕业生还有松井小右卫门，松井氏甚至在中国东北的腹地实地调查烧酒的研制，并且对于木炭供给等问题作过初步的研究。参见［日］黑龙会编《东亚先觉志士记传·列传·松井小右卫门》下卷，原书房1966年版，第499页。土屋鼎也是第1期入学的毕业生，1904年政治科毕业。以步兵少尉参加日俄战争之后，任职金州军政署副官，后又回到东亚同文书院担任舍监之职。与众不同的是，土屋氏后来在汉口日本居留民团中任职，取缔鸦片，被选举为该地日侨的领袖。参见［日］黑龙会编《东亚先觉志士记传·列传·土屋鼎》下卷，原书房1966年版，第323页。

同样是第 1 期毕业生的阪东末三，毕业当年加入陆军第五师团担任翻译官。不仅参加了日俄战争的很多战役，又在盖平军政府工作。根津一对于日本在满洲取得战争胜利后的作为，提出要在满洲要地设立学校，作为日本经营满洲之基础。阪东对此十分积极，马上在安东县设立学校，经营数年，在当地影响非常之大。① 阪东后转入领事工作，在间岛、珲春、奉天等东北和西伯利亚的领事馆工作，最后担任日本驻重庆领事。1922 年辞去外务省的职务和工作，被张作霖聘为顾问，为日本在东北攫取利益、扩大势力范围发挥了极大的作用。1927 年 47 岁时因病在东京去世。

东亚同文书院的另一个特色是作为情报调查机构，很多毕业生在满铁工作。最早的如第 1 期学生野村正，本是仙台第二高等学校学生，因为校长菊池谦二郎转任东亚同文书院教头，而野村氏非常敬慕菊池，竟然从社会地位较高的仙台第二高等学校转入东亚同文书院就读。毕业以后也直接参与了日俄战争，获得勋六等的战功，在日本奉天公所服务数年后，转职满铁本社，担任调查科负责国际方面的事务，因为其对东北地区采用学术式的专业研究方法，颇受满铁副总裁松冈洋右的重视，甚至在满铁社内传言"中国的事情要问野村"，被誉为同文书院中最杰出者。②

此外值得一提的还有第 5 期毕业生星武雄，1907 年就在间岛天宝山长期居住收集整理东北地方资料情报，1910 年正式加入南满洲铁道株式会社，在此工作十年，1920 年又在满蒙文化协会③工作。他在满铁工作期间，曾经因为越境进入俄国领土被逮捕，险遭死刑判决；曾经只身前往蒙

---

① ［日］黑龙会编:《东亚先觉志士记传·列传·阪东末三》下卷，原书房 1966 年版，第 85 页。

② ［日］黑龙会编:《东亚先觉志士记传·列传·野村正》下卷，原书房 1966 年版，第 420 页。

③ 满蒙文化协会成立于 1920 年 7 月，对外宣传是"开发满蒙文化"，利用学术研究的幌子，发行书刊、举办讲演会、展览会，从事实地调查。从历史、文化、社会、经济、法制的角度歪曲史实，炮制理论。编辑的《满蒙年鉴》共出版 9 卷（1923—1931 年），为日本侵略者侵占和统治东北地区提供了决策依据；发行月刊《东北文化月报》，1922 年 4 月创刊，共出版四卷 40 期；以及 21 卷的《满蒙之文化（日本版）》（1920 年 9 月至 1943 年 10 月）。参见阎华《日本对"关东州"文化侵略过程概述》，《辽宁师范大学学报》（社会科学版）1997 年第 6 期；宋克辉《日本军国主义侵略行径的自供状——剖析日伪编印的统计资料工具书》，《辽宁经济统计》2001 年第 9 期；李健才《近百年来国内外有关中国东北史研究的回顾与展望》，《博物馆研究》2004 年第 3 期。

古东部地区调查三个月，奠定了日本对东蒙古地区调查的基础，并整理《东蒙游记》刊行；1916年刊行有关本溪湖、峨厂、牛心台地区的《溪城地方经济调查报告书》；1917年，星氏发表《从北京语音学上看日语汉字的发音》，是此方面研究最早的著作；1918年作为满铁调查报告书第二卷刊行的《从人口、耕地及农产品看满蒙的大趋势》是其心血之作，长期被此中学者称誉。此外还有大量未刊著作《支那声音字汇》、《连珠宝典先手必胜法》、《内外蒙古王公谱系表》、《内外蒙古各部落一览表》、《蒙古政治组织略说》、《蒙古史年表》等等，此后满铁出版《满蒙当前局势图》，就采用了这些著作中的不少图表。①

20世纪二三十年代日本朝野的中国问题观察家中，毕业于东亚同文书院的就更多了。如第1期生中福岛县的县费生山田胜治，毕业以后直接被张之洞聘为武昌法政学校教习，不久又转入上海的《沪报》，辛亥革命中支持黎元洪，不久被聘为北京《顺天时报》的主笔，后列名东亚同文会理事，有关中国的时事评论在报纸上屡见不鲜，并著有《支那时文讲义全集》②、《饮江三种》③，他的弟弟山田谦吉后也任教于上海东亚同文书院，声望很高。④

波多野乾一也是其中的佼佼者之一。1890年，波多野氏出生于大分县丰后的儒者家庭，是同文书院第8期学生，1908（另一记载是1909⑤）年入学东亚同文书院，1912年毕业⑥。毕业后在《大朝》、《大每》、《东日》、《时事》杂志社或报社作为驻中国记者十数年。据他自述，1932年因为上海事变辞职，回日本后居家作为中国研究的独立撰稿人，边写作边

---

① [日]黑龙会编：《东亚先觉志士记传·列传·星武雄》下卷，原书房1966年版，第106页。
② [日]山田胜治著、山本熊一编：《支那时文讲义全集》，山田胜治君遗稿出版所，1916年12月。
③ [日]山田胜治：《饮江三种》，东京：江陵义塾1917年版。
④ [日]黑龙会编：《东亚先觉志士记传·列传·山田胜治》下卷，原书房1966年版第456页。
⑤ 第8期生的入学时间应为1908年，而且波多也乾一参加了第8期生的大旅行调查，是山东班的五名成员之一，但是根据《东亚同文书院大学同窗会名簿》，他的入学时间是在1909年。[日]爱知大学：《旅行纪念志》，东亚同文书院大旅行志4，雄松堂2006年版，第1页。
⑥ [日]沪友会：《东亚同文书院大学同窗会名簿》，1990年版，第30页。

研究，从此心态比较平和，希望自己作为中国问题研究中"平明的解说者"①。

波多野乾一的作品包括：《支那的政党》、《现代支那——解说和提唱（倡）》、《支那政党系统表》、《支那关税会议》、《党治下的支那政情》、《支那展望——1929年支那史》、《中国共产党概观》、《支那的排日运动》、《满洲事变外交史》、《上海事件外交史》、《现代支那政治和人物》。②值得一提的是《支那的排日运动》，书中收集并分析了中国排日及排斥日货的各种情报，列举了中国历次排日及排斥日货的来龙去脉。1932年东亚研究会以"东亚研究讲座第46辑"的名义刊行。波多野氏列举了到1932年为止一共九次大的排日风潮：第一次是1908年的"二辰丸事件"③，第二次是1909年的安奉铁路线改建事件，第三次是1915年的"二十一条"交涉，第四次是1919年的五四运动，第五次是1923年的

---

① [日]波多野乾一：《现代支那政治和人物》，改造社1933年版，自序。

② [日]波多野乾一：《支那的政党》，东亚实进社1919年版；《现代支那——解说和提唱（倡）》，支那问题社1921年版；《支那政党系统表》，燕尘社1923年版；《支那关税会议》，燕尘社1925年版；《党治下的支那政情》，万里阁，《大支那大系》丛书第三卷，1930年版；《支那展望——1929年支那史》，东亚研究会，1930年版；《中国共产党概观》，东亚研究会，1932年版；《支那的排日运动》，东亚研究会，1932年版；《满洲事变外交史》，京港堂，1932年版；《上海事件外交史》，京港堂，1932年版；《现代支那政治和人物》，改造社，1933年版。

③ 指1908年在广东珠海九洲洋爆发的"二辰丸事件"。1908年2月5日，日本商船"二辰丸"号满载私运军火，悬挂日本国旗侵入九洲洋海面，被正在海面巡逻的粤海关缉私船截获，将其扣留，并将船上所悬挂日本国旗卸下。14日，日本驻华公使林权助照会清政府外务部提出抗议，15日，又具体提出：(1)将"二辰丸"号商船立即无条件释放；(2)在释放"二辰丸"号时，中国应派兵舰到该船停泊处鸣炮致歉，并必须先期知照日本国领事阅视实行；(3)中国高价收买"二辰丸"号船上所载军火，计价21400日元；(4)从严处罚扣留"二辰丸"号的有关官员；(5)赔偿"二辰丸"号的所有损失。3月19日，清政府全部接受日本方面的五项无理要求。是日，九洲洋海面的清军水师军舰按日本提出的条款，在九洲洋释放日商船"二辰丸"号，并鸣炮21响，向"二辰丸"号致歉。许多目睹此事件的中国人痛哭失声，举国上下引为大耻。3月20日，广东各地群众自发抵制日货，当场烧毁大批日货，粤商自治会召集数万人集会，将3月19日定为"国耻纪念日"。尔后，上海、广西、香港等地及海外侨胞群起响应，相继发生大规模的抵制日货运动，南海搬运工人甚至拒绝装卸日本煤船。这是中国民众抗议日本侵我主权而发起的第一次抵制日货运动。参见卢权主编《广东革命史辞典》，广东人民出版社1993年版，第107页；王芸生《六十年来中国与日本》第五卷，北京：三联书店2005年版，第149—166页；王彦威《清季外交史料》，北平，1932年，卷210—213。

"收回旅大运动",第六次是 1925 年的"五卅"事件,第七次是 1927 年日本出兵山东事件,第八次是 1928 年的"济南事件",第九次是 1931 年的"万宝山事件"、"满洲事变"、"上海事变"。在叙述历次排日运动的时候,作者无视日本对华侵略是造成中国排日的主要原因,而强调中国人历来有排外的传统;分析了排日、抵制日货给日本带来的损害,却淡化了日本对中国造成的破坏。①

波多野氏作品中与京剧有关的有《支那剧五百种》、《支那剧和知名演员》,国人最为熟悉的是波多野氏原作、鹿原学人(即姚伯麟)译的《京剧二百年之历史》②,该书被认为是京剧史的扛鼎之作。

此外,波多野乾一对于中国民俗文化也非常有兴趣,有关中国麻将的专著有:《麻雀》、《麻雀精通》③。译著有:《支那的民间文学》④、《日中外交六十年史》⑤。还有大量有关中国政治的论文散见于《改造》、《中央公论》、《文艺春秋》、《世界知识》、《国际评论》、《支那》等杂志。

还有一部分毕业生,因为出色地完成调查任务,毕业以后在日本驻华机构工作,林出贤次郎等人就是其中杰出的代表。林出氏是东亚同文书院第 2 期的学生,毕业时正逢日俄战争期间,日军急需探查外蒙一带俄军的军事部署情报,因此,外相小村寿太郎向根津院长提出派遣调查员。第 2 期毕业生虽然纷纷要求前往,但是根津一深知这项任务非常危险,调查的内容又非常机密,精挑细选以后,决定派遣林出贤次郎、波多养野作、草政吉、三浦稔和肥田好孝。

五人各走一条线路,林出贤次郎 1905 年 5 月 15 日从东京出发,路线是:北京、正定、娘子关、太原、蒲州、潼关、西安、兰州、嘉峪关、玉

---

① 王向远:《日本对中国的文化侵略——学者、文化人的侵华战争》,昆仑出版社 2005 年版,第 282 页。

② [日]波多野乾一:《支那剧五百种》,支那问题社 1922 年版,1927 年改版再印;《支那剧和知名演员》,新作社 1925 年版;《京剧二百年之历史》,启智印务公司,1927 年版。

③ [日]波多野乾一:《麻雀》,北平:东亚公司,1928 年《麻雀精通》,春阳堂,1931 年版。

④ 杨荫深:《支那的民间文学》,[日]波多野乾一译,万里阁,《大支那大系》丛书第 12 卷,1930 年版。

⑤ 王芸生:《六十年来中国与日本》,[日]波多野乾一译:《日中外交六十年史》第 1—4 卷,建设社 1932—1935 年版。

门关、哈密、吐鲁番、乌鲁木齐、昌吉、乌苏精河，抵达伊犁后停留于此，完成侦查以后，经由土尔扈特郡王府、春风口、塔城、乌鲁木齐、吐鲁番、兰州、郑州，回到北京呈交调查结果，已经是 1907 年 4 月 2 日，历时整整两年。波多养野作出发于 1905 年 8 月 3 日，线路是北京、西安、兰州、安西、哈密、吐鲁番，抵达乌鲁木齐，1906 年 10 月返回，自兰州（青海地区旅行后返回）、宁夏、河套地区、张家口，回到北京的时间是 1907 年 6 月 6 日。草政吉 1905 年 5 月 10 日出发，自东京、天津、北京、张家口，抵达目的地乌里雅苏台，1906 年 7 月 1 日返回北京。三浦稔 1905 年 5 月 11 日自东京出发，经由天津、北京、张家口，抵达库伦后长期驻扎，调查有关军事情报，1906 年 7 月返回。肥田好孝 1905 年 5 月 15 日从东京，自北京、张家口、图台里克、赛尔乌雅苏台、布彦图，抵达科布里，驻扎约一年时间后返回北京呈交所得军事部署情报等。①

　　林出贤次郎调查的伊犁，最为偏远，距北京 5200 公里以外，很多路段只有骆驼相陪，加之天气恶劣，地势险恶，烽火遍地，困难重重。在伊犁前后共待了五个月，由于日本刚刚战胜俄国，大为中国侧目相待，林出趁此机会结识了土尔扈特郡王，又在乌鲁木齐与新疆布政使王树枏相交甚欢，以至于先后出任新疆陆军学堂和新疆法政学堂教授。林出氏回到东京复命以后，得到外务省的许可，再度前往中国乌鲁木齐和伊犁等地访问，再度于新疆陆军学堂和新疆法政学堂教授"洋学"。与此同时，布政使王树枏也倾囊相授，把自己研究的中国古典、诗歌、艺术心得转教林出贤次郎，使其汉学、汉语以及中国研究提升到一个新的层次。

　　1910 年，林出贤次郎返回北京，旋即为日本驻中国公使吉田茂赏识，在使馆内竟因其"中国通"而称呼其为"蒙古"②，1917 年，林出贤次郎出任日本驻上海副领事，正好遇上上海爆发反日运动，林出氏为此有不少积极的举措；1923 年出任驻南京领事以后，与世界红卍字会关系密切③。

---

　　①　［日］大学史编纂委员会：《东亚同文书院大学史》，社团法人沪友会 1982 年版，第 374 页。

　　②　同上书，第 375 页。

　　③　林出贤次郎与红卍字会的关系，最初是因为关东大地震后，世界红卍字会捐赠 1200 石大米，由中国信徒捐赠，但考虑到中日间关系微妙（这涉及反日运动与慈善扶助之关系），名义上是向林出氏个人捐赠，再转运东京。林出贤次郎因此而结缘，取道名"寻贤"；林出贤次郎后还出任红卍字会满洲总会主席维持会长、一灵宗主、朝鲜总院道慈统监。

后出任日本驻伪满新京大使馆二等秘书，兼任"宫内府行走"，负责汉语翻译事宜，并扈从溥仪第一次访日。1941年受东亚同文书院大学校长矢田七太郎之邀返回大学担任教授，1943年昭和天皇任命其为皇室顾问，担任天皇和皇后的汉语翻译，1948年退休后，又筹备开设了红卍字会东京总院会。

第四章

东亚同文书院与中国

东亚同文书院作为日本在中国开设的教育机构，不可避免地，要与中国当地社会发生直接的联系，一方面，集中表现为学院设立中华学生部招收中国学生，另一方面，也使中国的知识阶层与该学院的文化交流得以可能；而师生们与灾难深重的近代中国之间，因为各种各样的原因，促使了文化交融和文化侵略两股暗流浮出地表，并且交织在一起。

第一节　中华学生部

东亚同文会的一个工作重心是创设中日间教育机构，因此早在1899年，与东京开设东京同文书院，招收中国前往日本的留学生；而东亚同文书院也有"教育中日英才"一项，在南京同文书院时期，曾经有两个月短暂的实践，旋即结束。1903年，根津一也曾因为学校硬件设施的进步，设想"将在中国苏、皖、赣三省招收600名学生"[①]，但是也没有实现。

随着时局的变化，东亚同文会日渐需要扩大在中国的影响，1918年3月，日本第40届帝国议会召开，审议通过两个有关中日教育往来的议案，分别是：《开设中国人教育设施的议案》、《开设日中文化设施的议案》。同年5月，日本外务省向东亚同文会发函，要求东亚同文会对下属的东亚同文书院进行扩充，开设专门招收中国学生的学部，外务省对此予以资助。

---

① ［美］任达：《新政革命与日本——中国，1898—1912》，李仲贤译，江苏人民出版社1998年版，第100页。

一 顾虑重重的办学之路

东亚同文会得到这个"政府工程"以后,在东亚同文书院徐家汇校舍的基础上,开始新修校舍,准备招收中国学生。但是,中日间关系的恶化导致多方面的顾虑。1918 年 9 月 22 日,日本驻上海总领事有吉明致信外相内田康哉,就谈到欧美对华教育、卫生事业诸多发展,而上海东亚同文书院一直只是单方面培养日本学生,现在要求这所大学招收相当数量的中国学生,不得不有所保留。首先教职员就不够,而且欧美很多学校在华设立预科,毕业后直接前往该国大学,这对于在华开设中国学部是一个很有力的挑战。如果东亚同文书院的毕业生不能前往日本留学,而且工作方面又没有优势,势必造成学校事业的停顿挫折,"使日本对中教育的萌芽受到挫折,而且陷入培养了排日学生的尴尬局面"。①

这样的忧虑并非杞人忧天。次年,因为山东问题引发的"五四运动",日本在华特权和扩张为国人强烈征讨反对。东亚同文书院教授宇治田直义此时前往华北各省游说募集学生,没有一个学生前往报名,这是对在华教育事业最直接的打击。5 月末,宇治田教授抵达北京,拜会日本驻华公使小幡酉吉,汇报了有关情况。小幡酉吉再次向外相致信,"万一中国学生发表反对入学同文书院的决议,势必对今后学院招收中国学生产生长远的负面影响"②,因此决定暂时中止招生事宜。

反对日本在华势力扩张的风潮暂时平静以后,1920 年,东亚同文书院改变向北方各省募集学生的策略,改向南方各省招收学生,终于在该年招收学生 6 名,作为预科生进入学校学习。同年 7 月 24 日,为了解决在北方的招生,东亚同文书院与北京北洋政府教育部商定合作办学的大致方针:

1. 东亚同文书院每年得收取中国学生 50 名;
2. 入学资格以中学卒业生为限;
3. 东亚同文书院为中国学生卒业中等校者,特设预科,教育日文日

---

① [日]阿部洋:《日中关系和文化摩擦》,严南堂书店 1982 年版,第 16 页;周德喜:《日本东亚同文会与天津同文书院》,《历史教学》2004 年第 5 期;[日]大学史编纂委员会:《东亚同文书院大学史》,社团法人沪友会 1982 年版,第 175—176 页。

② [日]大学史编纂委员会:《东亚同文书院大学史》,社团法人沪友会 1982 年版,第 176 页。

语英语并补充必需科目①，修业年限一年。修学预科之后，本科三年与日学生共同教授②；

4. 入学学生由各省教育厅或省长公署教育科选拔送校，并得酌给地方公费，但在北京学生由教育部学务局选送。

二 风波迭起的 20 年代

1920 年 9 月，在新建的中国学生部校舍中，6 名中国学生正式入学，东亚同文书院在华招收中国学生的事业甫告开始。③

1921 年 4 月，这 6 名学生考试合格，和另外一名中国学生共计 7 名中国学生与书院第 21 期日本学生一起学习。④ 6 月 21 日至 7 月 16 日，清水懂三教授和朱荫成督导带领着 7 名学生日本实地学习。

日本驻华公使小幡酉吉、日本驻上海总领事有吉明的忧虑终究无法避免，并且始终困扰着中华学生部。1923 年 4 月，从天津开始爆发的"收回旅大"、"废除二十一条"的反帝自主运动席卷全国。东亚同文书院的中国籍学生们对此十分重视，发表了《旅大收回宣言》，在学校内广为宣传。

旅大收回宣言

　　天津益世报转全国父老姐妹钧鉴：取消念（廿）一条、收回旅大势在必行。日本野心未死，藉口无效之条约，驳回政府通牒，直以我国为台湾高丽之续。破坏公理，藐视我民，非有坚决之表示，不足慑倭廷之胆。同人等，当共我全国同胞，一致力争，作外交之后盾，经济绝交，抵制劣货，坚持到底，誓死不渝。

---

① 包括伦理、日语、英语、日本史概略、汉文、商业算术、会计。

② 本来中国学生部准备开设两个专业，商务科和工业科，商务科预计四年，工业科预计五年，但是一直没有招收工业科学生。这主要是因为师资不够的原因。

③ 此前的东京同文书院，不在中国本地招生，而是针对已经赴日的中国学生，或者是公费委派生。此后，1921 年东亚同文会在天津开设同文书院，作为中学专门招收中国学生，1922 年又在汉口开设同样性质的学校。但是，从 1905 年学制改革以后，经历了十多年的发展，中学在中国已经是一个普遍的现象，这两个中学在华也就难以造成重大影响了。

④ 从第 21 期日本学生开始，大学学制改为四年，因此与北京教育部的协议中三年的本科教育也相应修改为四年。

上海东亚同文书院中华学生部全体学生
中华民国十二年四月七日

中华学生部自治会还在校内张贴公告和海报，引起校方极度不满。4月10日，东亚同文书院校方宣布，邢震春、向鉴容、郭宝树和宁金永（四人均为运动发起人）对师长不敬，予以四人退学处分。中华学生部得知公告后，全体哗然，宣布即日起全体罢课离开学校。学校本属理亏，又鉴于众怒难犯，宣布取消处分，风波始告平息。①

1925年5月30日，"五卅事件"爆发，引发上海20万工人和5万学生的大游行。中华学生部的四年级学生梅电龙、三年级学生徐恒耀、二年级学生葛承德和沈玢参加了游行的策划。校方只能假借"暑假期间不予干涉学生行动"为由，任其行动。

1927年4月，国民革命军北伐至上海，上海市内所有专科以上大学闭校。中华学生部刘冠相等人，加入上海学生联合会，支持革命军队的进军。学院对此未加干涉，只是在4月15—18日宣布临时闭校。

1928年5月，是校方和中华学生部学生一次比较重大的对抗。北伐军在进军途经山东期间，遭遇日军引发的"济南事变"，全国为之哗然。上海市学生联合会成立反日委员会，要求中华部学生在十日内举行全员罢课。中华学生部教学已经无法进行，于5月17日关闭学生宿舍，要求学生返回家乡；9月1日如期开学，有几名学生选择退学。

1929年5月，为了纪念"五卅运动"四周年，东亚同文书院、郡治大学、劳动大学的学生成立"五卅记念执行委员会"，并且发表宣言。5月24日、27日、31日，数十名学生为此集会，上海市政府宣布"五卅记念执行委员会"为非法组织，执委会转至东亚同文书院作为活动中心。《上海报》对此进行了报道，因此，租界工部局、上海公安局予以东亚同文书院校方严厉警告，要求立即解散"执委会"。因为学生并为采取非法行动，校方在停止该委员会活动以后，没有处分参与人员。

1930年又爆发大规模的退学潮，预科生29名中有17名宣布退学，其中还有4名是预备前往日本留学的；一年级本科生20名中有10人宣布退

---

① 黄福庆：《近代日本在华文化及社会事业之研究》，台北"中研院"近代史研究所，1982年版，第51页。

学，虽然学院紧急组织本科补选考试，也只有两人被补充录取。

但是在这一年8月，情况似乎又有所好转：东亚同文书院在《华字新闻》上刊登了召集新生的广告，虽然要求报名同时缴纳两元银元的报名费，但是结果仍然有66人前往报名，书院录取了其中的33名。虽然报名增加的原因非常复杂，但是有一点可以肯定的是，在此时上海的反日情绪和排日运动暂时处于蛰伏之中。

为了适应中国中学的学年和学制，1930年8月开始，东亚同文书院宣布中华学生部新生的入学时间由以往的4月改为9月①，这也是招生规模得以扩大的重要原因。同时，书院单方面改变中华学生部学制，取消中华学生部，原该部本科生全部转入日本学生所在专业，这是为了中华学生能够取得与日本学生相同的学历和证书。同时设立"特设预科"，原有预科部学生改为隶属新的学部，预科学习时间由原来的1年改为1年半，因此，预科部学生入学时间为9月，就读本科的时间仍然是4月，与本科部日本学生的入学时间相同。

三　濒临关闭的退学风潮

1931年8月13日，东亚同文会召开理事会，鉴于当时中日两国的关系剑拔弩张，在得到日本外务省的许可以后，停止招收"特设预科"部中国籍学生。9月18日，震惊世界的"九·一八"事变爆发。原中华部学生爆发全体退学运动，校方对此未做出任何举措。9月21日，在第二节课上课时间，全体中国籍学生同时宣布罢课，旋即召开中华学生会总会，决议罢课和参加抗日运动；22日，在学校公告栏上，张贴出"满洲事变的解剖"、"敦促政府向日宣战檄文"、"写给日本同学的信"；校方同日宣布从当日起停止授课。9月26日，上海市各大学派出代表3000人前往南京向国民政府请愿，要求对日宣战。东亚同文书院中国籍学生中有两名参加这次请愿，分别是预科生史惠康，旁听生戴曙光；同时，中华学生部学生也向日本政府递交抗议信，由校方代为转呈。10月5日，学校宣布复课，中华学生会总会仍然坚持总退学，6日、7日、8日，学生会连续三天召开会议，最后宣布退学与否由个人自行决定。10月12日，9名

---

① ［日］大学史编纂委员会：《东亚同文书院大学史》，社团法人沪友会1982年版，第181页。

学生正式提出退学，其中四年级学生1名，三年级学生两名，二年级学生4名，预科生两名。

3个月后，日军第一次入侵上海。日本籍教员和学生转入内外棉公司避难，中国籍教师和学生回乡或前往租界，因此引发的退学规模是最大的，共有20名，占全部载籍的45名学生中的44%（详见表4-1）。

表4-1　　　　"一·二八"事变后中国籍学生退学情况

年级	事变前载籍数	事变后载籍数	退学数*
预科二年级	23	12	11
本科二年级	12	7	5
本科三年级	7	4	3
本科四年级	3	2	1
总计	45	25	20

资料来源：[日]大学史编纂委员会：《东亚同文书院大学史——创立八十周年纪念志》，社团法人沪友会1982年版，第182页。

说明：＊严格地说，退学人数并不能完全反映抗日运动而主动提出退学的人数。根据书院的历年在学人数统计，每年都有数名学生因为拖欠学费而被取消注册资格的，但是，1932年的退学人数远远超过往年的数字，此种大多数学生确实是因为中日关系恶化和反对日本侵略的原因主动退学的。

因为1931年东亚同文书院停止了中华学生部学生的招收工作，到1934年时，书院中只有三年级和四年级本科生共9名，四名四年级中国籍学生毕业，5名三年级学生随即转入其他学校。中华学生部、"特别预科"均已经没有学生了，校方遂宣告取消中华学生部。

四　中华学生部的毕业生

从1921年招收第一届本科生开始，到1934年撤销中华学生部，东亚同文书院共招收400多名中国籍学生。

东亚同文会在这个计划施行之初，确实是抱有"培育中日英才"的目的，但是，中日关系的不断恶化，"山雨欲来风满楼"，日本国内的军国主义已经逐步控制日本舆论和军队，不断冲击已经相当脆弱的中日间和平，因此，"为中国培养人才"只能停留在良好的愿望上，而难以转为现实。①

---

① 日本方面对此也早有准备，参见本书前文。

谴责侵略和军国主义是为了维系当下的和平，从这个意义上，并不是要否定东亚同文书院 14 年为中国培养的人才。根据笔者的统计，共有 48 名中国籍学生毕业于此（参见表 4-2）。

表 4-2　　　　东亚同文书院中华学生部毕业生

毕业时间	人数	姓名	生源地	毕业后去向
1925 年	2	—	—	—
1926 年	5	冯攸	浙江	—
		廖执中	湖北	上海纱厂
		徐履坚	江苏	本校中华学生部事务室
		梅电龙	湖北	上海国民党市党部
		邓远达	湖北	—
1927 年	10	张其耿	浙江	本校中华学生部事务室
		张国周	奉天	奉天东亚烟草公司
		张阜源	奉天	奉天电话局
		朱世伟	山东	东京日本タイプライター株式会社
		陈鼎远	湖北	上海纺织
		冯孚	浙江	翻译
		何孝怡	福建	京都帝大经济学部
		袁涛	湖北	京都帝大经济学部
		苏宠昌	广西	早稻田大学政治科
		符世俊	广东	日本大学
1928 年	10	周宪文	浙江	京都帝大（东亚同文会资助）
		陈道	江苏	京都帝大（东亚同文会资助）
		陈彧	福建	京都帝大
		洪水星	福建	京都帝大
		徐隶尊	福建	上海燧昌火柴有限公司
		张弟明	广东	上海伊藤洋行
		叶景良	广东	大阪中山太阳堂
		林聪华	福建	—
		符彪	广东	—
		徐嗣同	湖南	—

续表

毕业时间	人数	姓名	生源地	毕业后去向
1929 年	5	陈善炽	浙江	京都帝大经济学部
		查士骥	浙江	京都帝大经济学部
		查士元	浙江	东北帝大法文学部
		陈训	浙江	—
		韩湘春	奉天	大连古河公司
1930 年	4	周伯隶	浙江	大阪商科大学
		叶作舟	浙江	上海工部局公共学校讲师
		顾潭琪	江苏	上海志贺洋行
		訾璐	河北	大连汽船会社
1931 年	6	—	—	—
1932 年	2	张信明	—	—
		许斌华	—	大阪商科大学
1933 年		0		
1934 年	4	刘舜卿	—	—
		罗谦润	—	—
		张学瀛	—	—
		王言津	—	—

资料来源：［日］大学史编纂委员会：《东亚同文书院大学史——创立八十周年纪念志》，社团法人沪友会1982年版，第178—182页。

考虑到还有相当数量的中国籍学生在反对日本侵略的斗争中选择了退学、转学，东亚同文书院在华培养的学生数量上还是比较多的。但是，时代的角力总是把少数人的力量视为螳臂当车，在遗憾和惋惜中，东亚同文书院的对华教育输出并没有达到预期的良好目标，却又在战火四伏中匆匆落下了帷幕。

第二节　支那①研究部

1918年10月，东亚同文书院设立"支那研究部"，以研究中国各种问题为对象，以"发表研究结果为目的"。成立这样的研究部，资金是比较大的（下文将会具体谈到资金的使用细节），东亚同文书院在刚刚兴建了大型校舍之后，又斥巨资开办研究部，足见其办学已经步入轨道，全盛期的说法也自能得以印证。

一　创设要旨

1918年第一任部长是森茂教授，干事三位教授：真岛次郎、福岛仪太郎和马场锹太郎，事务员为冈野一郎。

书院作为研究中国最前沿的机构，为了"肩负成为研究中国权威的使命"，由教授、助教授和讲师为部员的研究部当然有相当的必要。要进一步了解"支那研究部"，首先要注意其创设要旨：

---

① 本书在写作中，前后有不少地方使用了"支那"，包括行文中有些使用"中华"、"中国"、"清国"的地方，原系日文原文本为"支那"而改用。日语中"支那"的使用有一个历史的过程，明治末期，"支那"并非有侮辱意味的词语，此时外人多用"猪尾巴"侮辱中国人，梁启超就曾用"支那少年"作为笔名，并且称李鸿章为"支那之怪杰"，甚至有留学生自称为"支那人"，借此否定自己是"清国奴"。1915年，日本提出"二十一条"以后，中日关系急剧恶化，中国百姓对日本的态度也大为转变，对于日本对华称为"支那"也就越来越反感，1930年，国民政府训令外交部拒绝所有含"支那"字样（含任何音标书写方式）的公文。

[日] 实藤惠秀：《中国人留学日本史》，北京：三联书店1983年版，第185、190、193、199—201、203页；[日] 谷崎润一郎：《老いのくりごと》，《谷崎润一郎全集》第28卷，第252—253页；[日] 津田左右吉：《シナ文化研究の態度》，载《新中国》1943年3月第1号；单冠初：《民国时期日本称谓中国国号之演化及用心考论》，《史学月刊》2002年第3期。

笔者认为"支那"的使用，根据其语境使用，如本不含轻蔑意味的，历史上确有此说法的合成名词，如"东亚同文书院支那研究部"，均采取沿用以存史实；在单独使用时，一律改为"中华"、"中国"、"清国"；在有轻蔑意味的语境时，如非直接引用，一律改为"中华"、"中国"、"清国"。相同情况的"满洲"、"汪精卫政府"，也采用这样的处理办法。

这样处理基于三个原因：一方面，日语中"支那"已注定成为"日本语言中的死语"（实藤惠秀语）；另一方面，也是为了保存历史的真实情景；进一步的，这也是中华民族在历经九死一生以后，重新崛起的自信所在。

各国一齐勃然对中国采取深入的调查解剖，我日本作为与中国自古以来就有深厚关系的邻国，对于中国进行学术的、经济的进而政治的研究，其紧要性是溢于言表的。

近代研究通常由专门的研究对象，对于中国的研究如果放任散漫的常识性的议论，其危险性不言自明。相信近日对于中国采取充分的、专业的、科学的探索，自信能从中得到极为重要的精确的事实真相。

本院身处中国要塞的上海，可以说是拥有研究中国的地利，遂决定肩负研究的使命。于1918年秋，开创本研究部，一方面是为了本院教育内容的实际有效性的事业；一方面期待能够完成研究东亚文化的伟大事业。①

值得注意的是，根津一创校之初，强调的是以儒教宗旨立学，甚至专门邀请邹宝霜来校讲授汉学，但是，支那研究部的创设，明显已经放弃了汉学的治学路径，而是逐步在摸索现代中国学的方法，从此，在日本学界开辟了以实际教学为主干，参以社会学、经济学、政治学等多学科理论的中国研究。②

二 支那研究部的职能

支那研究部主要资助在中国旅行调查的研究。根据研究人员在中国收集情报的必要程度、难度、范围，以及研究的内容，予以相对的经费资助；对于学生的调查予以补助。研究问题一般以一年时间为限，较长时段连续调查需要每年年末向研究部部长报告审批。此前日本外务省曾长期对于东亚同文书院学生大旅行调查予以每年一万日元的资助，从1918年支那研究部成立开始，大旅行调查的资助改由研究部专门管理。③

---

① 《支那研究部创设要旨》，转引自［日］大学史编纂委员会《东亚同文书院大学史》，社团法人沪友会1982年版，第114页。

② 战后成立的爱知大学，在这一点上继承了东亚同文书院支那研究部的方法。详见何培忠《日本中国学研究考察记（四）——访爱知大学国际中国学研究中心加加美光行教授》，《国外社会科学》2004年第6期。

③ 在《研究部规程》中，对于资金的预算最终决定权，解释为有东亚同文书院院长享有。参见《研究部规程》第九款，［日］大学史编纂委员会：《东亚同文书院大学史》，社团法人沪友会1982年版，第115页。

支那研究部还有一个重要的职能，就是指导东亚同文书院学生的大旅行调查。开设专业调查的课程，指导进行调查需要的准备；对于学生大旅行调查的主题、旅行路线的选择做出指导、参考和建议；大旅行调查结束以后，需要对学生提交的调查报告书进行审核、整理，对于照片进行处理后保存到图书馆中。

支那研究部也负责研究资料的收集。对于公开出版物，尤其是中国境内出版的，包括书籍、报纸、杂志、证券、地契、传单等，都要进行整理分类后保存，并且将文献部分整理为《主要中国杂志新闻记事索引》，发表在研究部公开发行的杂志《支那研究》上。

此后，支那研究部还下设不少专门研究室，譬如1938年12月5日，东亚同文会常务理事、日本厚生省人口问题研究会的井上雅二就专程来学院，商议将日本人口问题研究所的"南支民族人口问题调查室"专设到学院的支那研究部，由大旅行指导室主任小竹文夫兼任人口问题研究室主任。再如1939年6月设立的"统计研究室"，专门整理大调查得来的统计资料，也取得了丰硕的成果，这直接导致一系列出版物的印行。

三 《支那研究》的发行

支那研究部之所以在较短时间内成为中国问题研究的重镇，很大程度上得力于发行杂志《支那研究》促使声誉蹿升。《支那研究》从1920年8月[①]开始发刊，1943年3月最后一次发行[②]，共计68期[③]，平均每期都有十篇左右的文章。下面以第14期为例：

[①] 《东亚同文书院大学史》将其误为1919年9月。参见［日］大学史编纂委员会《东亚同文书院大学史》，东京：社团法人沪友会，1982年版，第115页；［日］东亚文化研究所《东亚同文会机关志、主要刊行物总目录》，东京：财团法人霞山会1985年版，第451页。

[②] 1942年，"支那研究部"更名为"东亚研究部"，杂志《支那研究》同时更名为《东亚研究》。

[③] 《东亚同文会机关志、主要刊行物总目录》记载一共为70期，并附有第1—65期目录，以及1940年5月、1941年3月、1942年5月三期"临时号"的目录，所以《东亚同文书院大学史》共计该杂志为68期。参见［日］大学史编纂委员会《东亚同文书院大学史》，东京：社团法人沪友会1982年版，第115页；［日］东亚文化研究所《东亚同文会机关志、主要刊行物总目录》，东京：财团法人霞山会1985年版，第451、466—469页。

第十四号　　昭和二年七月
论说
支那社会的非连续性（五）…………………… 大谷孝太郎
研究
支那证券制作的习惯…………………………… 久重福三郎
调查
以嘉陵江为中心四川东部的农业及农民生活状态
　　………………………………………… 学生 川户 爱雄
重庆的棉丝布概况……………………… 学生 川崎 万博
从云南到四川的交通状况 ……………… 学生 毛利 攻
资料
对于中国收回教育权的观察………………………… 坂本孝义
翻译
中国哲学的唯物考察（一）……… 胡汉民（原著）熊野正平译
杂志
主要中国杂志记事索引（研究部编）…… 东亚同文书院研究部

从中可以发现，既有通论性的文章（《中国社会的非连续性》），也有非常具体的有关重庆棉丝布的调查；既有政治方面的观察，也有经济、生活方面研究。可以肯定的是，《支那研究》中论文涉及的内容相当广泛。

除了3期"临时号"以外，在现存目的65期杂志中，1928年12月的第18期和1929年5月的第19期也是比较有特色的，具体讨论的是有关上海的专题研究：

第十八号　　支那研究部创立十周年记念
上海研究号（昭和三年十二月）
上海的沿革 ……………………………………… 小竹 文夫
徐光启　附徐家汇天主堂 ……………………… 山田 谦吉
上海的地理及港湾设备与气候 ………………… 马场 锹太郎
上海的人口 ……………………………………… 马场 锹太郎
上海的交通 ……………………………………… 马场 锹太郎
上海的同乡团体和同业团体 …………………… 大谷 孝太郎
上海的教育 ……………………………… 森泽 磊五郎　林 源三郎

上海的企业组织 …………………………………… 久保田 正三
上海的金融情况 …………………………………… 久重 福三郎
上海的股票市场 …………………………………… 穗积 文雄
上海的保险事业研究 ……………………………… 和田 喜八
上海的度量衡 ……………………………………… 久重 福三郎
上海的贸易 ………………………………………… 小竹 文夫
支那原有账本方法概说 …………………………… 有本 邦造
南京路一带土地房屋经济 ………………………… 大谷 孝太郎
上海的语言 ………………………………………… 影山 巍
上海的言论及出版物 ……………………………… 熊野 正平
上海的卖笑妇 ……………………………………… 彭 阿木
上海的将来 ………………………………………… 坂本 孝义
主要中国杂志新闻记事索引

第十九号　续上海研究号（昭和四年五月）
上海共同租借法概观 ……………………………… 谷川 邦彦
上海特别市的行政 ………………………………… 马场 锹太郎
上海的居留民团 …………………………………… 林 源三郎
上海的同乡团体以及同业团体（续）…………… 大谷 孝太郎
上海的仓库业 ……………………………………… 穗积 文雄
上海的佛教团体 …………………………………… 清水 董三
上海的英国亚细亚学会北支那支会图书馆 ……… 小竹 文夫
中国杂志新闻记事索引

如此强劲的研究队伍，精细的分门别类，扎实的实地调查，支那研究部迅速成为中国研究的桥头堡和重镇也就理所当然了。而研究部并不满足于此，在汉语研究和教学方面，发行《华语粹编》第一、第二、第三、第四集；《标准支那语教本》初级、高级篇、《华语月刊》（中文杂志，1928年6月创刊，1943年11月发行最后的第119号）；另外中国研究专业方面还有1939年7月发行的六卷本《现代支那讲座》。

更重要的是，"书院和学生为了写报告，使用及保存了当时的许多有关史料，有的是日本各侵华机构的秘密档案，是书院师生在调查过程中亲自搜集的"①,尤其是从1939年开始整理编辑发行的学生大旅行调查报告书优秀部分选编——《东亚调查报告书》,更是使其中国研究朝一个新的高度跃进了。

四 物产馆

与支那研究部密切相关的,还有一个很特殊的展览室。这个展览室在中国人看来,毫无新奇可言,然而,对于中国研究,确是极其珍贵的宝藏。这就是1932年设立的物产馆——展示在中国所能收集的实物。

这些实物包括:货币、生活小用品、手工农业生产用品、神主牌位、服饰,几乎日常生活能看到的物品都有所反映,而且物品来源地分布极其广泛,均由大旅行调查中的学生购回,根据1937年的统计,大致分类为16类,共有物品8000余件,其中可长期储存并登记的有7000余件(见表4-3)。

表4-3 东亚同文书院物产馆清单(1937年夏)

分类名称	数量(件)
纤维工业原料及制品	1058
谷类	722
油脂、漆类制品原料	176
药材类	100
建筑材料	122
风俗资料	790
食品类	355
工艺品类	570
嗜好品类	386
制造工业品类	234
矿物类	1025
通货类	1382
杂货	72
地图及统计图	105

---

① 房建昌:《上海东亚同文书院(大学)档案的发现及价值》,《档案与史学》1998年第5期。

续表

分类名称	数量（件）
制造工程样图及写真类	48
东亚大陆模型图	1
东亚大陆模型图	1
共计	7146

资料来源：[日]大学史编纂委员会：《东亚同文书院大学史——创立八十周年纪念志》，社团法人沪友会1982年版，第150页。

可惜的是，1937年8月，日军入侵上海，东亚同文书院徐家汇校舍被付之一炬，物产馆也在此中，就连详细清单也未能保留，书院多年中国研究积累的"素材库"遭受重大损失。

第三节　东亚同文书院与中国20世纪初的教育业

20世纪之初，受到日本战胜俄国的鼓舞，以张之洞提倡留学日本为代表[①]，中国大批留学生前往日本。虽然前往日本留学的费用低于欧美，但是，"大量派遣学生到日本，在（清廷）经济负担上，也难维持"，更为清廷难以接受的是，"大量留学生不仅在思想上倾向革命或改革，而且在实际上补充了反对清王朝队伍"[②]，1905年成立的同盟会，不仅骨干绝大多留学日本，成员"出身可考者三百七十九人中，十分之九以上是留日学生"[③]。因此，中国新兴发展的教育事业对于邀请日本教员（教习）尤为重视。在这样的契机中，作为教育文化机构的东亚同文书院，通过教师的流动和学生培养后的就业，都给中国的教育文化事业带来了不少积极的影响。

一　东亚同文书院教师与中国教育

东亚同文书院第一任教头兼监督菊池谦二郎，对于中国的教育事业，

[①] 张之洞在《劝学篇》的《游学》中就强调前往日本留学比较近，可以节省路费；对于中国人来说，日文比较容易学；日本人已经将西方不适合东方的知识进行了删减酌改，等等。张之洞：《劝学篇》，近代史料丛刊第九辑，台北文海出版社1982年版，第89—92页。

[②] 汪向荣：《日本教习》，中国青年出版社2000年版，第67、66页。

[③] 王晓秋：《近代中日文化交流史》，中华书局1992年版，第365页。

尤其是江苏地区近代教育制度的建立，实有筚路蓝缕之功。

菊池谦二郎在东京帝国大学预备门就学时，与夏目漱石同学；1890年东京帝国大学法科入学，不久转入帝大文科国史科。1893年，作为第一届东京帝国大学国史科毕业生，菊池谦二郎前往山口高等中学校（山口大学的前身）担任教授。此后又在冈山、千叶中学担任校长；1898年出任第二高等学校校长（东北大学教养部的前身）。

1901年，受东亚同文会和根津一院长的邀请，菊池谦二郎辞去第二高等学校校长的职务，出任东亚同文书院教头兼监督。1903年5月，教头菊池谦二郎又出任南京三江师范学堂总教习。①

1903年，菊池谦二郎抵达南京不久，又被任命兼任两江学务处参议，参与总办筹划两江总督辖内江苏、安徽、江西各省教育行政组织规章制度的制定。"江苏省各地设立小学堂、速成师范以及招生办法都是在菊池协助下订立的，甚至连教学仪器和标本等的购买，也都是委托他办理。"②1904年1月，踌躇满志的总教习提出要把三江师范学堂升格为高级师范学校，三江的总办李瑞清对于菊池的主张极为赞同，甚至在多次争论和纠纷中支持菊池。③

与之相应的，菊池在南京三江师范学堂的薪水相当之高，月薪竟达400银元（相当于2006年人民币10万元以上），相当于中国高等教师的三倍以上，普通教师的十倍以上。如此高的薪酬不仅远远高于中国高收入行业的水准，就是在日本教习之中，也仅仅只低于就教于北京京师政法学堂的岩谷孙藏（月俸600银元）。④"重金聘请而来的日本教习，绝大多数

---

① 有关这个记载有多种不同的说法：《东亚同文书院大学史》编年史部分记载的是1903年菊池谦二郎辞去教头和监督，转入南京三江师范学堂，没有说明职务；汪向荣在实藤惠秀和中岛半次郎的基础上整理的《日本教习分布表》中，菊池谦二郎是在1905—1906年担任两江师范学堂总教习；汪向荣在分析日本教习在华期间佣金的时候，举例1903年南京两江师范学堂（应为南京三江师范学堂，两江师范学堂原在苏州，后两所学堂合并，改称两江优级师范学堂，简称两江师范学堂）时，第一位的就是菊池谦二郎总教习。参见［日］大学史编纂委员会《东亚同文书院大学史——创立八十周年纪念志》，东京：社团法人沪友会1982年版，第99页；汪向荣：《日本教习》，中国青年出版社2000年版，第92、123页。

② 汪向荣：《日本教习》，中国青年出版社2000年版，第181页。

③ ［美］任达：《新政革命与日本——中国，1898—1912》，李仲贤译，江苏人民出版社1998年版，第104—105页。

④ 汪向荣：《日本教习》，中国青年出版社2000年版，第123—125页。

是称职的……他们的工作量，按约章规定，除星期天外，日本教习每天授课 4 点钟，可谓充分利用。"①

菊池谦二郎治学严谨，为人不苟言笑。汪向荣的老师章伦清在给学生的信中回忆道："菊池先生他人很矮，还是'彼时'的他们民族型。但因为地位关系，态度很严肃。有时到各教室巡视，有些日籍教师们都战战兢兢地，大约因为他是'总教习'也。（他只为日教师的总教，与学校行政方面无关——原注）。"② 实际上，日本教习在其他地方并非都能博取良好声誉③，相比之下，这也是菊池治学之一大成就。

1906 年，菊池谦二郎辞职回国，在茨城县立水户中学校（水户一高的前身）长期执教。1919 年访问欧美以后，倾心于自由主义教育，在茨城县教育会总会发表讲演《国民道德和个人道德》，一时引起轰动。1921 年茨城新闻社再次邀请演讲《国民道德和个人道德》，引发政府制裁（舌祸事件），水户中学全员罢课罢讲。1924 年，菊池谦二郎当选众议院无属地议员。菊池谦二郎著作颇丰，计有《藤田东湖传》（1899 年）、《东湖全集》（1909 年）、《译注弘道馆记述义》（1918 年）、《义公全集》（1927 年）、《幽谷全集》（1935 年）、《水户学论丛》（1943 年）。

另外还有一位被称为"金州圣人"的岩间德也，他是书院第 1 期学生，秋田县的公费生，也是书院这一期学生中乃至书院历史上年纪最大的学生，入学时已经 29 岁。1904 年毕业时正逢日俄战争爆发，日本在取得金州南山大捷以后，希望在当地建立一所学校，培养中国人的信任，因而向东亚同文书院提出要求推荐一名学生前往，岩间德也在日本期间就有从教经验，被推荐担任新学校的校长。岩间德也到金州以后，向当地中国人了解情况，得知城内孔庙原有南金书院，因势利导也取名南金书院。这所私立小学校，是为日人在东三省设立学校教育中国学生的开端④。

---

① 刘正伟：《督抚与士绅——江苏教育近代化研究》，河北教育出版社 2002 年版，第 169—170 页。
② 汪向荣：《日本教习》，中国青年出版社 2000 年版，第 150 页。
③ ［日］实藤惠秀：《中国人留学日本史》，北京：三联书店 1983 年版，第 67—68、78—80 页。
④ 瞿立鹤：《清末民初民族主义教育思潮》，台北"中央"文物供应社 1984 年版，第 217 页。

书院创校以后，报名的中国人尤其踊跃，以至于岩间德也很快就决定合并金州城东门外的俄语学校——露清学堂①。很快岩间德也的一年任期就结束了，于是回到日本国内，但是金州的地方乡绅对于他办学的经验和能力非常看重，竟派人专门前往日本秋田请他回到金州办学。岩间德也为此感激不已，决定终身在金州办学，把先祖的墓碑都从秋田带出，移至金州南金书院附近的公墓中。

作为一位日本教育家，岩间德也对中国深厚的感情表现在他从始至终反对日本政府的同化政策，坚持"把中国人当作中国人教育"②，以汉语教学作为重点。南金书院本着中国人终将理解日本的信念，但是并没有得到日本军方的认同，直到1931年"九·一八事变"前，南金书院坚持自己的教学理念，当地中国人对此都深表感恩。

1919年，大町桂月前往东北和朝鲜旅行，途经金州时，惊奇于当地人称呼岩间德也为"金州圣人"；日本警察总监冈隆一郎也在他著的《世界的动向》中使用专门的章节介绍了这位深受当地中国人爱戴的"金州圣人"。岩间德也1929年辞去南金书院校长职务，40年代还曾前往安阳参加考古挖掘，去世以后，按照他当年的意愿埋葬在金州。

二　东亚同文书院毕业生与中国教育

第1期的毕业生大多数因为日俄战争的原因加入了日本军队③，战争持续了一年，参军翻译开始复员，和1905年4月毕业的第2期学生一起，两期毕业生很快被中国蜂拥而起的"兴新学"风潮所包围，被中国学校招聘为教师。留下记载的有：第1期学生远藤保雄（武昌陆军学堂）、山田胜治（武昌陆军学堂）、高岛大次郎（营口商业学堂）、盐间德也（金

---

① 日本称俄国的方式有很多种，如"露"、"俄"、"ロシア"等。

② [日] 大学史编纂委员会：《东亚同文书院大学史》，社团法人沪友会1982年版，第369页。但是，岩间德也在后期的对话教育理念有重大的转变，他亲任编辑主任，与满铁教务课联合组织了"南满洲教育会教科书编辑部"，编写宣扬日本文化、歪曲历史的奴化教育课本，以加速中国青少年"皇民化"。他的这一行为，激起大连地区教师的反抗。1928年夏秋之交，大连教育界200余人召开学术会议，否定岩间德也组织编写的奴化教科书。李荣君：《日本帝国主义在辽东的奴化教育》，《哈尔滨商业大学学报》（社会科学版）1985年第1期，李文中将"岩间德也"误为"岩间法也"。

③ 可参见本书第三章第四节。

州高等学堂)、野村正(复州高等学堂)、龟渊龙长(盖平师范学堂)、内藤熊喜(湖南预备学堂)①；第2期学生朝稻义孝(奉天大西关实业学堂)、柏田哲男(奉天学堂)、吉原大藏(武昌警务学堂)、真藤骏士(武昌陆军学堂)、南洞孝(奉天师范学堂)、永尾龙造(岫岩师范学堂)、林出贤次郎(新疆法政学堂、新疆陆军学堂,详情参见第三章第四节)、犬饲大助(辽阳学堂)、上野源次(营口商业学堂)、荒川弘(武昌警察学堂)、江口良吉(武昌警察学堂)、辻忠治(南满医学堂)；此外前往武昌陆军学堂讲学的还有第3期学生伊藤经真。

汪向荣统计、整理的《日本教习分布表》，大多没有注明毕业院校。在这张统计表中，只有第2期毕业生南洞孝，自东亚同文书院毕业以后，就曾前往盛京(沈阳)的两级师范学堂教授日语②。如前文提到的前往武昌陆军学堂的真藤骏士、山田胜至、胜木恒喜、远藤保雄③都在表中，而没有说明毕业于东亚同文书院，所以，应该还有更多教习毕业于东亚同文书院。而且要统计全部的日本在华教习难免挂一漏万，如同样前往武昌陆军学堂的伊藤经真④、前往湖南的内藤熊喜就没有收录；又如前文提到的西本省三就曾前往昆明云南大学堂执教，也并未收入表中。

---

① 内藤熊喜毕业后曾短期在书院担任助教授，尔后前往湖南预备学校担任教习两年。在第一次大战期间，经营皮革制品，大量制造军靴、皮囊等战争用品，获取暴利。中日战争前担任东邦电力公司副社长，被称为当时日本"电力五男"之一，因为反对战时的《电力国家管理法案》被逮捕，后转任北京华北电业公司副总裁，计划建设三门峡水电站，未果。1954年担任重建后沪友会第一任会长，1959年筹集沪友会维持基金，并提供东京调布市300平方米土地修建沪友会大楼。[日]大学史编纂委员会：《东亚同文书院大学史》，东京：社团法人沪友会1982年版，第372—373页。

② 汪向荣：《日本教习》，中国青年出版社2000年版，第105页。《东亚同文书院大学史》记载是前往奉天学堂担任教习，此后还曾管理南满仓库。[日]大学史编纂委员会：《东亚同文书院大学史》，东京：社团法人沪友会1982年版，第406页。

③ 《日本教习分布表》中记载前三人前往的是武昌陆军小学堂，远藤前往的是武昌讲武堂。参见汪向荣《日本教习》，中国青年出版社2000年版，第95页。

④ 《日本教习分布表》中记载有武昌陆军学堂的"伊东真经"，伊藤和伊东在日语中发音完全相同，将"经真"误为"真经"也很有可能是记载的笔误。

东亚同文书院培养的学生，尤其是20世纪20年代之前的毕业生，有很多前往中国的新式学堂担任教师，① 对于中国近代教育事业的展开，无疑还是发挥了相当积极正面的作用。

---

① 辛亥革命前后，大批留日学生回国，加之日本教习在华也有一些害群之马影响了声誉，日本教习的数目逐渐减少。[日]实藤惠秀：《中国人留学日本史》，北京：三联书店1983年版，第76—80页；汪向荣：《日本教习》，中国青年出版社2000年版，第131—137、189页；尚小明：《留日学生与清末新政》，江西教育出版社2002年版，第69—70页。

余论

东亚同文书院及日本与近代中国

1945年,日本战败投降后,东亚同文书院大学和满铁会社作为在华间谍机构予以关闭。从东亚同文书院(大学)在中国46年的调查报告使用的途径而言,尤其是自1937年"七七事变"后的调查,这样的处分是毫不过分的。

最早指出东亚同文书院大学的间谍性质,是前往延安访问的美国左翼作家斯诺,他在《红星照耀中国》中提到东亚同文书院在中国收集情报、培养间谍。[①] 仅统计1918—1923年,日本政府增加的对书院的拨款经费,就高达263万日元以上。[②] 从东亚同文书院(大学)与外务省、日本参谋本部的关系,向其每年呈交对华调查报告书,甚至书院的学生也承认"后来,这些重要的(调查)资料为日本陆军侵略中国所用"[③];此外,书院对日本在华工作人员的培养,甚至学生在战时的举动,都决定了战后必然不可能在华继续办学。

对于学生所谓的"报国精神",转变为盲目地投入侵略战争之中,那么怎么认识战争中学生和书院(大学)的责任呢?正如胡澎在研究日本妇女的战争责任问题时指出的:"日本妇女即是战争的牺牲者和受害者,同时对被侵略国家来说,又是侵略战争的间接参与者、支持者和加害者,特别是那些站在时代前沿的妇女运动领导人……相比那些只作为单纯的政府的追随者和服从者的普通日本妇女,这些妇女运动领导人对日本妇女和对被侵略国家的人民负有不可推卸的双重战争责任……更多的妇女运动领

---

① [日] 大学史编纂委员会:《东亚同文书院大学史》,东京:社团法人沪友会1982年版,第171页。

② 赵文远:《上海东亚同文书院与近代日本侵华活动》,《史学月刊》2002年第9期。

③ [日] 山本隆:《东亚同文书院生》,东京:河出书房新社1977年版,第40页。

导人的战争责任未被论及。那些盲从于政府的国民、包括普通的妇女对这场战争所应担负的道义上的责任也没有被广大民众所认可。"①

个人与政府战争责任问题的划分，也是一个值得探讨的问题。以"一·二八"事变为例，事件的策划者是关东军高级参谋板垣征四郎，实施者是日本驻上海公使馆陆军武官辅助官田中隆吉少佐，军事攻击的司令官是日本第一遣外舰队司令盐泽幸一，"所以能够酿成一场战争，那是因为他们的阴谋代表了日本军部和政府的意图……进行战争的是日本的军部和政府②，把法西斯侵略罪责嫁祸于中国军民固然荒谬，而推到日本任何个人身上也是违背历史事实的"。③

与此同时，也决不能忽视日本发动对中国的侵略给中国人民造成的灾难。同样以"一·二八"事变为例，据1932年3月20日南京政府中央统计局代局长吴大钧在《申报》上公布的数字，此次日军暴行，共计造成有形损失1 560 049 871元，死亡6 080人，受伤2 000人，失踪10 400人。④ 这只是一次小范围的战争，1937—1945年的侵华战争，给中国人民造成的灾难，如果要今天的日本政府偿还其中十分之一，也是其能力所不及的。

中国政府对于处理战后日本问题是以宽怀为本的，中国人民对此更是有很多感人的、"古今中外战争史上罕见的现象"，"中国的养父母在自己深受日本侵略之害，生活十分艰难的情况下，以博大的民族胸怀，接纳了这些日本儿童，并含辛茹苦地把他们抚养成人，帮他们成家立业……收养

---

① 胡澎：《战时体制下的日本妇女团体（1931—1945）》，吉林大学出版社2005年版，第232—233页。

② 战后，远东军事法庭对日本军部和战时政府中108人进行审判，到1947年中期，作为战争嫌疑犯被逮捕的人数共计2200余人。同时美占领军发布《公职追放令》，整肃曾经猖狂鼓吹和积极支持侵略战争的法西斯军国主义分子约37万人，剥夺了大批军国主义分子的公职，并取缔了法西斯军国主义团体147个，沉重打击了日本的极端右翼势力。松文：《战争发动机——日本军部与侵华战争》，收入关捷主编《日本侵华政策与机构》，社会科学文献出版社2006年版，第120页。

③ 王振德：《新编第二次世界大战史（1937—1945）》，社会科学文献出版社2006年版，第14页。

④ 张铨、庄志龄、陈正卿：《日军在上海的罪行与统治》，上海人民出版社2000年版，第36页。

敌人的孩子,而且人数很多,达到四五千人"①。

另外一个值得探讨的问题是,日本在华办学,究竟动机在何处?这是一个相当复杂、又具有不断变化转移过程的问题:

首先,东亚同文书院在成立之初,确实有心于中国的教育,正如书院的《兴学要旨》所言,"教授中外实学,培育中日英才,一则有利于巩固中国的国基,一则有利于加强中日的友好关系。这也是保全中国、定策东亚长治久安、立计天下太平所在"。② 即使这是真诚的愿望,但是,在进入 20 世纪 30 年代以后,由日本军国主义法西斯的理论家,如大川周明等人宣扬新的"亚细亚复兴"精神,"解放亚洲与侵略亚洲在他这里界限是模糊不清的,甚至二者是混为一体的"。③

然而,日本在一路领先中国之后,中国人对待自身的认识,在这一时期也出现了新的发展。书院早期的中国汉语老师朱荫成,就曾经在教授汉语的课堂上,语重心长地诵读:"你打我、我打你的国内的战争",上过这门课的学生对此记忆深刻,"朱先生的言语中还有:无穷无尽的军阀混战,祖国大好江山被帝国主义列强一步一步蚕食,民族的屈辱和人民的苦难没有被深切地思考过"。④

这时的日本,并非对中国怀有恶意,不过是一种"文化破落户"成为"暴发户"后的心态。而中国作为日本之外一个巨大的他者,"如果不强行把逐渐实现了近代化的日本与中国进行差异化,那么,日本作为近代国家的成立和发展都是不可能的……最终近代日本在中国大陆甚至展开了与杀父行为相仿佛的否定性行动"。⑤

再譬如 19 世纪末、20 世纪初,内藤湖南提出"文化反哺"⑥ 理论,

---

① 关亚新、张志坤:《日本遗孤调查研究》,社会科学文献出版社 2005 年版,第 109 页。

② [日] 根津一:《东亚同文书院创立要领·兴学要旨》,载 [日] 大学史编纂委员会《东亚同文书院大学史——创立八十周年纪念志》,东京:社团法人沪友会 1982 年版,第 715 页。

③ 王屏:《近代日本的亚细亚主义》,商务印书馆 2004 年版,第 265 页。

④ 参见 [日] 西里龙夫(第 26 期学生):《革命的上海で:ある日本人中国共产党员の记录》,东京:日中出版 1977 年版;[日] 大学史编纂委员会:《东亚同文书院大学史》,东京:社团法人沪友会 1982 年版,第 272 页。

⑤ [日] 子安宣邦:《东亚论:日本现代思想批判》,赵京华编译,吉林人民出版社 2004 年版,第 78—79 页。

⑥ 参见马彪《史学必须经受历史的检验》,载 [日] 内藤湖南研究会编著《内藤湖南的世界》,马彪等译,三秦出版社 2005 年版,第 20—22 页。

即强调"中日本是唇齿之邦,要保证东亚和平,要抵抗西方入侵,只有两国同心协力才能实现",但是中国已经是落后守旧的代表,日本执"东洋进步之先鞭",日本之天职是"警醒四亿人口,使其趋向于进步(的日本)","介绍西洋文明,向中国传播"。①

但是,日本国家实力和国际地位的上升,却也促使"对中国保持自己的优越感",责无旁贷地摸索着各种对策。"以足山道雄的日本文化观为代表的日本优越论,在近代日本思想史上一直是一条连续的线索"②。对待中国,在努力'使其信赖于我'的同时,必要的时候,可以加以'威压'"。③

随着日本在华取得越来越多的利益,日本对待中国的心态开始走向了黑暗的一面,"苟我国教育者能容喙于支那教育问题,使我国能始终为其教育上之主动者、母国,则不能不掌握其实权。苟无此决心,则不如一开始即不加过问"。④

日本的军国主义自明治维新开始,在思想上的潜伏由来已久(参见本书第一章第一节),实际上,以战养国的策略,"强兵高于一切"的危机感,早就把日本送向了战争的不归路,表 5-1 反映了日本 1878—1889 年日本陆海军省经费和直接军备费的情况及变化趋势,可以说是最有力的证据:

表 5-1　　　　1878—1889 年日本陆海军省经费及直接军备费

年次	金额(千元)	对岁出总额的比率
1878	10 087	16.5%
1879	11 896	19.7%
1880	12 022	19.0%
1881	11 874	16.6%

---

① [日]内藤湖南:《所谓日本的天职》,收入《内藤湖南全集》第二卷,东京:筑摩书房 1997 年版,第 127、132、135 页。
② 孙歌:《主体弥散的空间——亚洲论述之两难》,江西教育出版社 2002 年版,第 124 页。
③ [日]野村浩一:《近代日本的中国认识》,张学锋译,中央编译出版社 1999 年版,第 51 页。
④ 《教育时论》第 599 号,1901 年 12 月 5 日出版,转引自汪向荣《日本教习》,中国青年出版社 2000 年版,第 271 页。

余论　东亚同文书院及日本与近代中国　　153

续表

年次	金额（千元）	对岁出总额的比率
1882	12 830	17.4%
1883	16 302	20.1%
1884	17 634	23.0%
1885	15 623	25.5%
1886	20 737	24.5%
1887	22 452	28.2%
1888	22 787	28.0%
1889	23 583	29.6%

资料来源：[日]井上清：《日本的军国主义（天皇制军队和军部）》，译者佚名，商务印书馆1972年版，第188页。

国际政治是国内政治的延伸。日本政府在20世纪三四十年代的变化，有很多独有的特点，"与意大利和德国不同，日本不存在独裁者。而且日本的整个体制也不是一个具有明确定义的群众运动的产物，而是由下述因素造成的，即含混不清的情绪转变，日本社会精英集团之间的权力均衡的变化以及随之而来的国家政策的重大转变，所有这些都是在1899年所确立的立宪制度的基本框架的范围内发生的。既没有革命和成功的政变，也没有政治制度的根本变革。30年代后期军部主宰的政府和20年代国会支配的政府一样，完全符合宪法，尽管两者都不是宪法缔造者所设想的那种体制"。① 因此，日本在强调国家主义而误入军国主义的歧途，不是偶然的原因，甚或可以说，这一种盲目状态下，日本在梦想制定新的东亚（甚至世界）秩序。

如果回到观察中国的视角，东亚同文书院自有其对中国特殊的意义。如1903年7月，五名学生在湖南进行为期两个月的大旅行调查，并且受到当地官民的热烈欢迎。原因是俄国在义和团运动时期趁机出兵中国东

---

① [美]埃德温·奥·赖肖尔：《当代日本人——传统与变革》，陈文寿译，商务印书馆1992年版，第82页。对于其整体观点，笔者是基本赞同的，但是个别而言，赖肖尔"没有成功的政变"的说法是值得商榷的，日本在30年代初接连不断爆发政变，尤其是1932年的"五一五事件"，导致了政党内阁结束。

北，而日本对于促成俄国从这一区域撤兵发挥了重要的作用。① 日俄战争后，日本将东三省交还中国，这也是此后中日关系急剧升温的重要原因。还有相当多的例子，如1904年，"当俄罗斯南下时，唯有日本起到了'防波堤'的作用。当时，亚洲很多人都认识到了这一点。可以说，没有亚洲人对军国日本提出批判。所有亚洲的领导人都赞美军国日本，不仅如此，而且还羡慕军国日本，这样的例子很多"。②

1894的甲午战争、1900的八国联军入侵中，日本一次为主谋、一次为从犯，但是"中国的赴日人数在1903年至1907年达到高峰，形成中国历史上第一次东游热潮……民国初年，直隶省赴日的人数虽已大为减少，但从未间断。而且其游日者大度集中于教育领域"。③

即使在"二十一条"和"五四运动"以后，中日关系虽然一度落至谷底，但是在吉野作造的邀请下，对于"吉野所提倡的中日民间亲善观点，这些中国友人都能接受，而且也愿意为达成这些理念与吉野携手合作奋斗"，以至于正好一年之后，1920年5月5日，就有高一涵、方豪领队的北京大学生游日团成行。④ 这也足可证明，有足够的变量促使东亚同文书院在华办学完全有可能朝着另外一个方向发展。

当然，近代中日关系并非仅作为一个概念的存在，而需要从历史的角度来认识，"如果不能将东亚论和亚洲近代化论放在逻辑的空间中来把握，把它作为一种历史模式加以对象化，同时如果它不能脱离作为主体的'日本人'这一概念的话，那么亚洲共同的课题就无法被历史化，而是不

---

① [日]大学史编纂委员会：《东亚同文书院大学史》，东京：社团法人沪友会1982年版，第99页；杨绍震：《庚子年中俄在东三省之冲突及其结束》，收入中华文化复兴运动推行委员会主编：《中国近现代史论集第十五编：清季对外交涉（俄、日）》，台北商务印书馆1986年版，第583—623页。

② [日]中村粲：《大东亚战争的起因》，收入[日]历史研究委员会《大东亚战争的总结》，东英译，新华出版社1997年版，第7页。

③ 孙雪梅：《清末民初中国人的日本观——直隶省为中心》，天津人民出版社2001年版，第196—197页。

④ 黄自进：《吉野作造对近代中国的认识与评价（1906—1932）》，台北"中研院"近代史研究所1995年版，第196—198页。

断地回到一种政治的形式中，陷入是非二者必居其一的循环之中。"① 明治末期的十年（1901—1911）中日关系的融洽是东亚同文会的黄金时代；大正时期的两国摩擦使中国人心目中的日本逐渐失去了光环，但是仍然促成了东亚同文书院的"黄金十年"；到了昭和时期，两国的关系因为日本一系列军事侵略，从1927年（昭和二年）日本第一次出兵山东、次年第二次出兵山东，导致与北伐军冲突的"济南惨案"，"粉碎了（国民党）对日工作的全部希望"②，1928年"皇姑屯事件"，到1931年"九·一八事变"，再到1937年7月"卢沟桥事变"，1937年8月"淞沪会战"，两国和平友好的可能已经一去不返；东亚同文会、东亚同文书院大学的命运，与昭和前20年一起被绑定在战争机器上，无从选择地由"中国的朋友"，转变为中国的敌人。和中国遭受的灾难比起来，东亚同文书院大学、东亚同文会自身面临的，不是兴衰交替，而是1945年的关闭和1946年的自动解散，这也再一次印证了"战争双方，没有不是受难者"这句颠扑不破的真理。

"道德法则是纯粹意志的唯一决定根据……唯有道德法则必须被看作是使至善及其实现或促进成为客体的根据。"③ 康德通过"道德法则"试图建构理性社会行为的普通原则，我们如果对此视作头顶星空同样神圣，必然能立足于"正视历史，放眼未来"之中。

---

① ［日］滨下武志：《全球化中的东亚地域文化——'日本与亚洲'和'亚洲中的日本'的自他认识的异同》，收入中国社会科学研究会编《中国与日本的他者认识》，社会科学文献出版社2004年版，第42页。

② 罗志田：《乱世潜流——民族主义于民国政治》，上海古籍出版社2001年版，第352页。

③ ［德］康德：《实践理性批判》，韩水法译，商务印书馆2001年版，第120页。

附　　录

附录一　东亚同文会会长、副会长和干事长一览表

时间	会长	副会长	干事长、理事长
1898 年 11 月	近卫笃麿	长冈护美	陆实
1899 年 6 月			佐藤正
1900 年 8 月			根津一
1904 年 4 月	青木周藏		
1906 年 5 月		锅岛直夫	
1907 年 5 月	锅岛直夫	清浦奎吾	
1914 年 5 月		细川护成	
1914 年 8 月		细川护成、伊集院彦吉	小川平吉
1914 年 9 月			
1916 年 3 月		福岛安正	
1918 年 9 月		牧野伸显	
1918 年 12 月	总裁：锅岛直夫　会长：牧野伸显		
1920 年 10 月			白岩龙平（代）
1922 年 2 月	牧野伸显	近卫文麿	白岩龙平
1936 年 12 月	近卫文麿	/	冈部长景
1939 年 6 月			阿部信行
1942 年 12 月		阿部信行	津田静枝
1945 年 12 月	/		一宫房次郎
1946 年 2 月	一宫房次郎宣布东亚同文会自行解散		

附录二 东亚同文书院（大学）历任校长和校舍变迁

时间	校长	校舍
1900 年 5 月	根津一	南京妙相庵
1900 年 8 月	↓	上海退省路
1901 年 5 月	↓	上海高昌庙桂墅里
1902 年 4 月	杉浦重刚	↓
1902 年 4 月	菊池谦二郎（代理）	↓
1903 年 5 月	根津一	↓
1913 年 8 月	↓	日本长崎大村
1913 年 10 月	↓	上海赫思克而路
1917 年 4 月	↓	上海徐家汇虹桥路
1923 年 3 月	大津麟平	↓
1926 年 5 月	近卫文麿	↓
1926 年 5 月	冈上梁（代理）	↓
1931 年 1 月	大内畅三（代理）	↓
1931 年 12 月	大内畅三	↓
1932 年 2 月	↓	日本长崎福屋旅馆
1932 年 4 月	↓	上海徐家汇虹桥路
1937 年 10 月	↓	日本长崎樱马场
1938 年 4 月	↓	上海徐家汇海格路
1940 年 1 月	大内畅三（大学兼学院）	↓
1940 年 9 月	矢田七太郎（大学兼学院）	↓
1942 年 9 月	矢田七太郎（大学）（学院闭校）	↓
1943 年 11 月	北野大吉（代理）	↓
1944 年 2 月	本间喜一	↓
1945 年 8 月	大学闭校	

附录三　东亚同文书院（大学）每年通行惯例

日本通行节日

四方拜（新年第一次祭祀）　1月1日：

纪元节（建国纪念日，日本纪元的开始）　2月11日：

明治节（明治天皇睦仁的生日）　11月3日：

天皇诞辰：

书院特色节日

天长节

毕业生送别演艺会　1月下旬：

毕业典礼　3月上旬：

一年级学生宁波、杭州一周旅行　3月下旬：

学生自行组织观樱会　4月上旬：

新生入学典礼　4月上旬：

常驻上海日本人大会在新公园举行　4月29日：

寮祭；新生欢迎会；大旅行壮行会　5月上旬：

开院纪念典礼；体育大会　5月26日：

西部高专大会出场选手选拔赛　6月中旬：

暑期开始　6月21日：

新学期入学　9月1日：

大旅行调查报告会；观月会　9月下旬：

恩赐纪念感恩典礼　10月8日：

秋季大运动会　11月上旬：

大旅行返校欢迎会　11月中旬：

靖亚表绍塔慰灵典礼　12月2日：

附录四　大旅行调查编年纪事

1901年11月，第1期学生分为两班，赴苏州、杭州实习旅行。此后前往杭州的旅行成为长期惯例。

1902年8月，第1期学生在森茂教授的带领下，前往烟台、威海卫第

附　录

一次修学旅行，同时也是第一次展开对中国的调查。

1902年12月，第1期学生汉口旅行。

1903年7月，五名学生在湖南进行为期两个月的调查。

1903年10月，第1期学生共56名，在华北进行为期3周的调查。

1904年10月，第2期学生在京津地区旅行40天。

1905年4月，第4期学生杭州旅行。

1905年11月，第3期学生在武汉进行为期1个月的旅行。

1906年4月，第3期学生前往华北地区旅行。

1906年11月，第4期学生长江流域实习旅行。由西本白川教授领队，先后拜访湖广总督张之洞（武汉）、两江总督端方（南京），受到热烈欢迎。

1906年12月，3名学生被派往长江，调查大饥荒的状况。

1907年，日本文部省决定补助东亚同文书院大旅行调查所需经费，共补助3万元，每年拨付1万元，3年清付。

1907年4月，第4期学生前往中国北部旅行，历时一月有余；第6期学生杭州旅行。

1907年6月，第一次大旅行调查开始。以第5期学生为主干，分为9个班：京汉班、淮卫班、浙赣湖广班、闽浙粤班、粤汉班、西安班、山东班；上海、汉口、广东、香港、营口、芝罘、北京常驻班（小组）。

1907年10月，第5期学生阿南镇民创作的《山风吹啊，吹啊》被确定为大旅行调查之歌。

1908年3月，第7期学生杭州旅行。

1908年7月，第6期学生分为9个班，进行大旅行调查。

1908年11月中旬，第6期学生大旅行调查全部结束，举办"大旅行欢迎（归院）仪式"，从此，欢迎会和报告会成为每年重要活动。

1909年7月，第7期学生大旅行出发。

1910年7月，第8期学生大旅行开始；日本外务省对东亚同文书院大旅行资助三期共计3万元已经于1909年结束，由于实际效果非常突出，外务省决定继续每年在预算中划拨出1万元资助大旅行调查计划。

1911年7月，第9期学生大旅行出发；其中湖南四川班、汉中班亲身经历了"保路运动"、武昌起义等辛亥革命中重要事件，但也因此耽误了原有的大旅行调查计划，延迟了回院时间，途中还遇到盗贼抢夺财物。

1912年7月，第10期学生大旅行调查开始。

1913年7月，第11期学生大旅行调查开始；二次革命旋即爆发，仍然继续进行调查，同年10月陆续归校。

1914年7月，第12期学生大旅行调查出发。

1915年7月，第13期学生大旅行调查开始。

1916年7月，第14期学生大旅行调查出发。

1917年7月，第15期学生大旅行调查开始。

1918年7月，第16期学生大旅行调查出发。

1919年7月，"五四"运动后中日关系恶化，第17期学生大旅行部分延期举行，一部分按计划出发。

1920年4月，第17期学生第二批大旅行调查出发。

1920年7月，第18期学生大旅行调查开始。

1921年7月，第19期学生大旅行调查出发。

1921年11月，大旅行调查中长期驻扎于内地的班组，包括青海—甘肃班、四川打箭炉班安全归校。

1922年7月，第20期学生大旅行调查出发。

1923年7月，第21期学生大旅行调查开始。

1924年5月，第21期学生展开第二次大旅行调查。

1925年7月，第22期学生大旅行调查出发。

1926年7月，第23期学生大旅行调查开始。

1927年7月，第24期学生大旅行调查出发。

1927年10月，第26期学生前往宁波、杭州旅行。

1928年3月，第27期学生宁波、杭州旅行。

1928年7月，第25期学生大旅行调查出发。"济南事变"爆发后，大旅行线路临时大幅度变更。

1929年3月，第28期学生前往宁波、杭州旅行。

1930年3月，第29期学生宁波、杭州旅行。

1929年7月，第26期学生大旅行调查出发，此次调查范围扩大到中国以外的南洋地区。

1930年6月，第27期学生大旅行调查出发。

1931年7月，第28期学生分为19个班组进行大旅行调查。

1932年7月，第29期学生分为22个班开展大旅行调查。

1933年6月，第30期学生前往满洲，分为26个班进行大旅行调查；另外还有两个班，即南支——台湾班、南洋班同时出发。

1934年7月，第31期学生大旅行调查出发。

1935年7月，第32期学生大旅行调查开始。

1936年7月，第33期学生大旅行调查开始，共分为25个班，其中第一次组建前往菲律宾班。

1937年7月，第34期学生大旅行调查出发，计有包括印度尼西亚班、南洋班在内的28个班组。旋即卢沟桥事变爆发，学校通知各地领事馆，要求转达全部学生终止大旅行，立即返回学校，7月中旬，全部学生安全返回学校。

1938年7月，第35期学生分为30个班组展开大旅行调查。

1939年6月，第36期学生分为26个班开始大旅行调查，其中包含南洋班、法属印度支那班、菲律宾等4个班。前往法属印度支那的学生试图非法穿越中国云南前往河内，遭到中国官方的拒绝，计划未果。

1940年7月，第37期学生大旅行调查出发。因为战局紧张，调查也被要求服从战争需要，分为8个班组，分别为：长江流域班、海南岛班、占据地区工商业调查班、日本人居住情况调查班、教育复兴状况调查班、外国人权益情况调查班、日本人在华发展状况调查班以及新（伪）政权的统制经济调查班。

1941年6月，第38期学生分为27个班展开大旅行调查。其中广东6个班，江苏、江西、福建各3个班，河北、山西、山东、蒙疆各两个班，浙江、安徽、湖南、湖北各1个班。调查内容规定为六个方面：地理调查，包括都市和交通；商业调查，包括物资出入和统制经济；工业调查，即占领地区的工业生产状况；社会调查，主要指教育恢复状况、生活习惯等等；经济调查，包括货币金融和地方财政；政治法律调查，涵盖省政、财政、家族制度、地方民团等。

1942年6月，第39期学生大旅行调查开始。

1943年6月，第41期学生因为战局胶着，日本侵略受阻，只能在江苏省一省范围内进行，对于太仓、常熟、无锡、武进、丹阳、江都、泰县、南通、海门、崇明等县调查，为时两个月。

1944年6月，学部和专门部学生按计划展开大旅行调查。前往蒙疆地区的一名学生在包头以南遭遇战斗，死亡。

1944年7月,东亚研究部组织学生在江苏省调查,主要是对南通、常熟、无锡的农村现状调查。这是最后一次学校组织的外出调查,东亚同文书院(大学)大旅行调查自此结束。

参考书目

原始史料

[日] 上海日清贸易研究所编：《清国通商总览》，东京：丸善商社书店1892年版。

[日] 东亚同文会编：《支那经济全书》（《中国经济全书》），东亚同文会1907年版；台北：南天书局1989年版。

[日] 东亚同文会编：《支那省别全志》（《中国省别全志》），东亚同文会1917年版；台北：南天书局1988年版。

[日] 东亚同文会编：《新修支那省别全志》，东亚同文会1941—1946年版。

[日] 沪友会：《东亚同文书院大学史》，沪友会1955年版。

[日] 大学史编纂委员会：《东亚同文书院大学史——创立八十周年纪念志》，社团法人沪友会1982年版。

[日] 霞山会编：《东亚同文会史·昭和篇》，财团法人霞山会2003年版。

[日] 东亚文化研究所编：《东亚同文会史·明治大正篇》，财团法人霞山会1988年版。

[日] 东亚同文会机关报：《东亚同文会报告书》，东亚同文会。

[日] 东亚文化研究所：《东亚同文会机关志、主要刊行物总目录》，财团法人霞山会1985年版。

[日] 东亚同文会：《事业报告书》，1941年版。

[日] 东亚同文会编：《对华回顾录》，胡锡年译，商务印书馆1959年版。

[日] 东亚同文会：《续对支回顾录》，原书房1973年版。

［日］黑龙会编：《东亚先觉志士记传》，原书房 1966 年版。

［日］东亚同文书院沪友同窗会编：《山洲根津先生传》，根津先生传记编撰部 1930 年版；大空社 1997 年版。

［日］宗像金吾编：《东亚的先觉者山洲根津先生并夫人》哈尔滨（无出版社，爱知大学图书馆藏），1943 年版。

［日］爱知大学东亚同文书院记念中心：《爱知大学 东亚同文书院大学记念中心报》第 1—14 期。

［日］沪友会：《东亚同文书院大学同窗会名簿》，1990 年版。

专著和资料

费成康：《中国租界史》，上海社会科学院出版社 1998 年版。

关亚新、张志坤：《日本遗孤调查研究》，社会科学文献出版社 2005 年版。

孔祥吉、［日］村田雄二郎：《罕为人知的中日结盟及其他——晚清中日关系史新探》，巴蜀书社 2004 年版。

胡德坤：《中日战争史（1931—1945）》，武汉大学出版社 2005 年版。

胡澎：《战时体制下的日本妇女团体（1931—1945）》，吉林大学出版社 2005 年版。

胡颂平编：《胡适之先生年谱长编初稿》，台北联经出版事业公司 1984 年版。

黄福庆：《近代日本在华文化及社会事业之研究》，"中研院"近代史研究所 1982 年版。

黄自进：《吉野作造对近代中国的认识与评价（1906—1932）》，台北"中央研究院"近代史研究所 1995 年版。

劳祖德整理：《郑孝胥日记》，中华书局 1993 年版。

雷国山：《日本侵华决策史》，学林出版社 2006 年版。

廖梅：《汪康年：从民权论到文化保守主义》，上海古籍出版社 2001 年版。

刘坤一：《刘坤一遗集》，中华书局 1959 年版。

刘建辉：《魔都上海——日本知识人的"近代"体验》，甘慧杰译，上海古籍出版社 2003 年版。

刘正伟：《督抚与士绅——江苏教育近代化研究》，河北教育出版社

2002年版。

楼宇烈：《康南海自编年谱》，中华书局1992年版。

卢权主编：《广东革命史辞典》，广东人民出版社1993年版。

鲁迅：《鲁迅日记》，人民文学出版社1976年版。

罗志田：《乱世潜流——民族主义于民国政治》，上海古籍出版社2001年版。

吕芳上：《从学生运动到运动学生》，台北"中研院"近代史研究所，1994年版。

茅海建：《戊戌变法史事考》，三联书店2005年版。

梅龚彬著、梅昌明整理：《梅龚彬回忆录》，团结出版社1994年版。

梅桑榆：《日本浪人祸华录》，中共党史出版社2005年版。

瞿立鹤：《清末民初民族主义教育思潮》，中央文物供应社1984年版。

桑兵：《国学与汉学——近代中外学界交往录》，浙江人民出版社1999年版。

上海社会科学院历史研究所编：《"九·一八"—"一·二八"上海军民抗日运动史料》，上海社会科学院出版社1986年版。

尚小明：《留日学生与清末新政》，江西教育出版社2002年版。

孙歌：《主体弥散的空间——亚洲论述之两难》，江西教育出版社2002年版。

孙雪梅：《清末民初中国人的日本观——以直隶省为中心》，天津人民出版社2001年版。

孙中山：《孙中山全集》，中华书局1981年版。

王屏：《近代日本的亚细亚主义》，商务印书馆2004年版。

王树槐：《外人与戊戌变法》，上海书店出版社1998年版。

汪向荣：《日本教习》，中国青年出版社2000年版。

王向远：《日本对中国的文化侵略——学者、文化人的侵华战争》，昆仑出版社2005年版。

王晓秋：《近代中日文化交流史》，中华书局1992年版。

王彦威：《清季外交史料》，1932年版。

王芸生：《六十年来中国与日本》，第1—8卷，三联书店2005年版。

王芸生：《六十年来中国与日本》，[日]波多野乾一译：《日中外交六十年史》，第 1—4 卷，东京：建设社 1932—1935 年版。

王振德：《新编第二次世界大战史（1937—1945）》，社会科学文献出版社 2006 年版。

解学诗：《隔世遗思——评满铁调查部》，人民出版社 2003 年版。

杨荫深著：《支那的民间文学》，［日］波多野乾一译，东京：万里阁，《大支那大系》丛书第 12 卷，1930 年版。

余子道：《抵抗与妥协的两重奏——一二八淞沪抗战》，广西师范大学出版社 1994 年版。

翟新：《近代以来日本民间涉外活动研究》，中国社会科学出版社 2006 年版。

张铨、庄志龄、陈正卿：《日军在上海的罪行与统治》，上海人民出版社 2000 年版。

张之洞：《劝学篇》，台北文海出版社近代史料丛刊第九辑。

［德］康德：《永久和平论》，收入［德］康德《历史理性批判文集》，何兆武译，商务印书馆 1997 年版。

［德］康德：《实践理性批判》，韩水法译，商务印书馆 2001 年版。

［法］白吉尔：《中国资产阶级的黄金时代》，张富强、许世芬译，上海人民出版社 1992 年版。

［美］埃德温·奥·赖肖尔：《当代日本人——传统与变革》，陈文寿译，商务印书馆 1992 年版。

［美］本尼迪克特：《菊花与刀——日本文化的诸模式》，孙志民等译，浙江人民出版社 1987 年版。

［美］费维恺：《中国早期工业化——盛宣怀和官督商办企业》，中国社会科学出版社 2002 年版。

［美］海登·怀特：《元史学：十九世纪欧洲的历史想象》，陈新译，译林出版社 2004 年版。

［美］柯博文：《走向"最后关头"——中国民族国家构建中的日本因素（1931—1937）》，马俊亚译，社会科学文献出版社 2004 年版。

［美］流星：《自我的他性——当代中国的自我系谱》，常殊译，上海人民出版社 2005 年版。

［美］罗威廉：《汉口：一个中国城市的商业和社会》，中国人民大学出版社 2005 年版。

[美] 麦金太尔：《追寻美德——伦理理论研究》，宋继杰译，江苏人民出版社2003年版。

[美] 任达：《新政革命与日本——中国，1898—1912》，李仲贤译，江苏人民出版社1998年版。

[日] 阿部洋：《日中关系和文化摩擦》，严南堂书店1982年版。

[日] 滨下武志：《近代中国的国际契机——朝贡贸易体系与近代亚洲经济圈》，朱荫贵等译，中国社会科学出版社1999年版。

[日] 波多野乾一：《中国的排日运动》，东亚研究会1932年版。

[日] 波多野乾一：《现代支那政治和人物》，改造社1933年版。

[日] 波多野乾一：《支那的政党》，东亚实进社1919年版。

[日] 波多野乾一：《现代支那——解说和提唱（倡）》，支那问题社1921年版。

[日] 波多野乾一：《支那政党系统表》，燕尘社1923年版。

[日] 波多野乾一：《支那关税会议》，燕尘社1925年版。

[日] 波多野乾一：《党治下的支那政情》，万里阁，《大支那大系》丛书第三卷，1930年版。

[日] 波多野乾一：《支那展望——1929年支那史》，东亚研究会1930年版。

[日] 波多野乾一：《中国共产党概观》，东亚研究会1932年版。

[日] 波多野乾一：《满洲事变外交史》，京港堂1932年版。

[日] 波多野乾一：《上海事件外交史》，京港堂1932年版。

[日] 波多野乾一：《支那剧五百种》，支那问题社1922年版，1927年改版再印。

[日] 波多野乾一：《支那剧和知名演员》，新作社，1925年版。

[日] 波多野乾一：《京剧二百年之历史》，启智印务公司，1927年版。

[日] 波多野乾一：《麻雀》：东亚公司1928年版。

[日] 波多野乾一：《麻雀精通》，春阳堂1931年版。

[日] 博井由：《东亚同文书院大旅行调查研究》，上海书店出版社2001年版。

[日] 服部卓四郎：《大东亚战争全史》，张玉祥等译，商务印书馆1984年版。

[日]福泽谕吉:《劝学篇》,群力等译,商务印书馆1984年版。

[日]根岸佶:《支那ギルドの研究(中国商会研究)》,斯文书院1932年版。

[日]根岸佶:《支那買辦制度》,支那经济学会1919年版。

[日]根岸佶:《中國社會に於ける指導層:中國耆老紳士の研究》,东京:平和书房1947年版。

[日]根岸佶:《支那商業地理》,丸善书店1906年版。

[日]宫崎滔天:《三十三年之梦》,佚名初译,林启彦改译、注释,花城出版社1981年版。

[日]共同通信社《近卫日记》编集委员会编:《近卫日记》,东京:共同通信社开发局1968年版。

[日]井上清:《天皇的战争责任》,商务印书馆1983年版。

[日]井上清:《日本的军国主义(天皇制军队和军部)》,译者佚名,商务印书馆1972年版。

[日]栗田尚弥:《上海东亚同文书院——联系日中的男子们》,新人物往来社1993年版。

[日]六角恒广:《日本近代汉语名师传》,王顺洪编译,北京大学出版社2002年版。

[日]内藤湖南:《内藤湖南全集》,筑摩书房1997年版。

[日]日本防卫厅防卫研究所战史室:《战史丛书》,朝云新闻社1973年版。

[日]日本防卫厅防卫研究所战史室:《一号作战之二:湖南会战》,天津市政协编译委员会译,中华书局1984年版。

[日]森岛通夫:《日本为什么"成功"》,四川人民出版社1986年版。

[日]山本隆:《东亚同文书院生》,河出书房新社1977年版。

[日]山田胜治著、山本熊一编:《支那时文讲义全集》,山田胜治君遗稿出版所1916年版。

[日]山田胜治著、山本熊一编:《饮江三种》,江陵义塾1917年版。

[日]神谷正男:《宗方小太郎关系文书》,原书房1975年版。

[日]升味准之辅:《日本政治史》,董果良译,商务印书馆1997年版。

［日］石射猪太郎：《外交官的一生》，中央公论社 1988 年版。

［日］实藤惠秀：《中国人留学日本史》，三联书店 1983 年版。

［日］水口春喜：《"建国大学"的幻影》，董炳月译，昆仑出版社 2004 年版。

［日］松本三之介：《国权与民权的变奏——日本明治精神结构》，李冬君译，东方出版社 2005 年版。

［日］松本重治：《上海时代》，曹振威等译，上海书店出版社 2005 年版。

［日］丸山真男：《日本政治思想史研究》，王中江译，三联书店 2000 年版。

［日］西本省三（白川）：《支那思想と現代》，春申社 1922 年版。

［日］西本省三（白川）：《大儒沈子培》，春申社 1923 年版。

［日］西本省三（白川）：《康熙大帝》，春申社 1925 年版。

［日］西川俊作、山本友造编《日本经济史》，三联书店 1998 年版。

［日］西里龙夫：《革命の上海で：ある日本人中国共産党員の記録》，东京：日中出版 1977 年版。

［日］西所正道：《上海东亚同文书院风云录》，东京：株式会社角川书店 2001 年版。

［日］效律正志：《天皇裕仁和他的时代》，世界知识出版社 1988 年版。

［日］幸德秋水：《社会主义与国体》，收入氏著《社会主义神髓》，马采译，商务印书馆 1985 年版。

［日］依田熹家：《日本帝国主义研究》，卞立强等译，上海远东出版社 2004 年版。

［日］野村浩一：《近代日本的中国认识》，张学锋译，中央编译出版社 1999 年版。

［日］植木枝盛：《民权自由论》，《明治文化全集·第 5 卷：自由民权篇》，吉野作造编，东京：日本评论社 1927 年版。

［日］中山优选集刊行委员会：《中山优选集》，1972 年版。

［日］中西功：《中国革命の嵐の中で》，東京：青木書店 1974 年版。

［日］子安宣邦：《东亚论：日本现代思想批判》，赵京华编译，吉林人民出版社 2004 年版。

［日］宗近实平编、奥泉荣三郎监修解说：《报德会三十五年史》，复刻本，东京：文生书院2002年版。

［意］克罗奇：《历史学的理论和实际》，傅任敢译，商务印书馆1997年版。

论文

陈锋：《清末民国年间日本对华调查报告中的财政与经济资料》，《近代史研究》2004年第2期。

陈弘：《深切的怀念和敬意——日本朋友回忆鲁迅在同文书院的演讲》，《人民日报》1981年9月19日，第7版。

陈捷：《岸田吟香的乐善堂在中国的图书出版和贩卖活动》，《中国典籍与文化》2005年第3期。

房建昌：《上海东亚同文书院（大学）档案的发现及价值》，《档案与史学》1998年第5期。

冯筱才：《中国商会史研究之回顾与反思》，《历史研究》2001年第5期。

高文汉：《孤忠铸诗魂绮语缀华章——评日本近代汉文学家成岛柳北》，《日语学习与研究》2006年第1期。

韩明华：《"一面抵抗一面交涉"方针和淞沪抗战的失败》，《上海大学学报》（社会科学版）1998年第2期。

郝秉键：《日本史学界的明清"绅士论"》，《清史研究》2004年第4期。

何立波、宋凤英：《昙花一现的冀东伪政权》，《百年潮》2005年第11期。

何民：《别有用心的"研究"——看〈东亚同文书院大旅行研究〉》，《博览群书》2001年第12期。

何培忠：《日本中国学研究考察记（四）——访爱知大学国际中国学研究中心加加美光行教授》，《国外社会科学》2004年第6期。

胡平：《抗战烽火中的历史画卷》，《粤海风》2005年第4期。

Hu Shih. 1938. *The Modernization of China and Japan*：*A Comparative Study in Culture Conflict*, Caroline F. Ware, ed. *The Culture Approach to History*, New York, 1940, p. 245.

Hu Shih. *The Westernization of China and Japan*, Amerasia. Vol. 2, No. 5, July 1938.

黄新宪:《对近代日本在华创办的学校教育考述》,《江西教育科研》1990 年第 5 期。

孔祥吉:《张之洞在庚子年的帝王梦——以宇都宫太郎的日记为线索》,《学术月刊》2005 年第 8 期。

李健才:《近百年来国内外有关中国东北史研究的回顾与展望》,《博物馆研究》2004 年第 3 期。

李荣君:《日本帝国主义在辽东的奴化教育》,《哈尔滨商业大学学报》(社会科学版) 1985 年第 1 期。

刘建辉:《产生自日本的中国"自画像"》,收入中国社会科学研究会编《中国与日本的他者认识》,社会科学文献出版社 2004 年版。

刘其奎、刘敏州译:《近代日本对华文化事业》,译自日本大藏省主编的《关于日本海外活动的历史调查》大型资料集通卷第 28 册,《史林》1988 年第 2 期。

刘士田:《也谈裕仁天皇的战争罪责——与沈才彬同志商榷》,《军事历史研究》1991 年第 4 期。

卢燕丽:《明治维新至二战结束日本以军事为目的的中国语学习》,《军事历史研究》2003 年第 2 期。

马彪:《史学必须经受历史的检验》,载[日]内藤湖南研究会编著《内藤湖南的世界》,马彪等译,三秦出版社 2005 年版。

潘则庆:《毙命中国的侵华日军高级将领——9 名毙命中国的日军大将》,《文史春秋》2006 年第 4 期。

戚其章:《论荒尾精》,《贵州社会科学》1986 年第 12 期。

戚其章:《日本大亚细亚主义探析——兼与盛邦和先生商榷》,《历史研究》2004 年第 3 期。

桑兵:《近代日本留华学生》,《近代史研究》1999 年第 3 期,收入氏著《国学与汉学——近代中外学界交往录》,浙江人民出版社 1999 年版。

单冠初:《试论东亚同文书院的政治特点——兼与西方在华教会大学比较》,《档案与史学》1997 年第 1 期。

单冠初:《民国时期日本称谓中国国号之演化及用心考论》,《史学月刊》2002 年第 3 期。

盛邦和：《19 世纪与 20 世纪之交的日本亚洲主义》，《历史研究》2000 年第 3 期。

盛邦和：《中日国粹主义试论》，《日本学刊》2003 年第 4 期。

宋克辉：《日本军国主义侵略行径的自供状——剖析日伪编印的统计资料工具书》，《辽宁经济统计》2001 年第 9 期。

宋元放：《乐善堂书局和岸田吟香》，《出版史料》2004 年第 1 期。

松文：《战争发动机——日本军部与侵华战争》，收入关捷主编《日本侵华政策与机构》，社会科学文献出版社 2006 年版。

苏智良：《上海东亚同文书院述论》，《档案与史学》1995 年第 5 期。

王金林：《日本天皇制法西斯主义的理论构成》，《日本研究》1995 年第 4 期。

汪淼：《明治政府的文明开化政策》，《史学集刊》1987 年第 1 期。

汪淼、培柱：《日本近代史上的沙文主义》，《史学集刊》1987 年第 4 期。

王奇生：《湖南会战：中国军队对日军"一号作战"的回应》，《抗日战争研究》2004 年第 3 期。

王希亮：《日本浪人与中国》，载关捷主编《影响近代中日关系的若干人物》，社会科学文献出版社 2006 年版。

王希亮：《近代西伯利亚和远东地区日本谍报活动述评》，《西伯利亚研究》2003 年第 2 期。

吴绳海、冯正宝：《中日近代关系史中值得注意的人物——宗方小太郎》，《史学研究》1985 年第 2 期。

阎华：《日本对"关东州"文化侵略过程概述》，《辽宁师范大学学报》（社会科学版）1997 年第 6 期。

杨绍震：《庚子年中俄在东三省之冲突及其结束》，收入中华文化复兴运动推行委员会主编：《中国近现代史论集第十五编：清季对外交涉（俄、日）》，台北：商务印书馆 1986 年版。

杨天石、尹俊春：《日本政府有关惠州起义电报》，《历史档案》1986 年第 3 期。

翟新：《近代日本民间团体的对华政策理念——以东亚同文会的"中国保全"为中心》，《上海大学学报》（社会科学版）2006 年第 2 期。

张国义：《论鹿鸣馆时代日本国家主义思潮的兴起》，《华东师范大学学报》（哲学社会科学版）1999 年第 4 期。

张骏：《南京政府与一·二八淞沪抗战》，《军事历史研究》1992 年第 4 期。

张明洋：《中日近代留学教育比较》，《日本研究》1992 年第 3 期。

张晓唯：《北洋大学一百一十年祭》，《读书》2006 年第 6 期。

张艳茹、邹晓翔：《论日本明治初期的启蒙思想——以〈明六杂志〉为中心进行探讨》，《日本问题研究》2002 年第 1 期。

赵建民：《吴汝纶赴日考察与中国学制近代化》，《档案与史学》1999 年第 5 期。

赵文远：《上海东亚同文书院与近代日本侵华活动》，《史学月刊》2002 年第 9 期。

周德喜：《东亚同文书院始末》，兰州：《兰州大学学报》（社会科学版）2004 年第 3 期。

周德喜：《甲午战争前后日本在上海创办的学校述论》，广州：《广东社会科学》2003 年第 6 期。

朱英：《中国行会史研究的回顾与展望》，《历史研究》2003 年第 2 期。

《"一·二八"抗战》，《军事历史》2006 年第 1 期。

《中国革命之友山田纯三郎先生访问记》，《导报画刊》1946 年 5 月 5 日上海版。

［韩］郑文祥：《1920 年代上海的大学与学生文化》，《史林》2004 年第 4 期。

［美］Douglas R. Reynolds（任达）. *Training Young China Hands: Toa Dobun Shoin and Its Precursors*, 1886—1945. Peter Duus, Ramon H. Myers, and Mark R. Peattie, ed. 1989. *The Japanese Informal Empire in China*, 1895—1937. Princeton, New Jersey: Princeton University Press, p. 233.

［美］Douglas R. Reynolds（任达）. 1986. *Chinese Area Studies in Prewar China: Japan's Toa Dobun Shoin in Shanghai*, 1900—1945. *The Journal of Asian Studies*, Vol. 45, No. 5, pp. 959—960.

［日］白岩龙平：《支那二十五周年记念号发刊词》，东京：《支那》，第 25 卷 10 号，1934 年 10 月。

［日］滨下武志：《全球化中的东亚地域文化——"日本与亚洲"和

"亚洲中的日本"的自他认识的异同》，收入中国社会科学研究会编《中国与日本的他者认识》，社会科学文献出版社 2004 年版。

［日］稻冈胜：《初期商务印书馆的源流——美华书馆、修文书馆、岸田吟香、金港堂》，《出版与印刷》1994 年第 2 期。

［日］德田武：《俞樾与日本文人》，《杭州师范学院学报（社会科学版）》1996 年第 1 期。

［日］高纲博文、陈祖恩：《上海日本人居留民关系年表（明治编）》，《史林》1995 年第 1 期。

［日］谷崎润一郎：《老いのくりごと》，《谷崎润一郎全集》第 28 卷。

［日］今泉润太郎、佃隆一郎、藤森猛：《孙文、山田良政和纯三郎关系资料补遗》，载《同文书院记念报》第 4 期。

［日］今泉润太郎、武井义和：《孙文、山田良政和纯三郎关系资料补遗（续）》，载《同文书院记念报》第 5 期。

［日］近藤邦康：《井上雅二日记——唐才常自立军蜂起》，东京：东京大学国家学会杂志，1985 年第 98 期。

［日］津田左右吉：《シナ文化研究の態度》，载《新中国》，1943 年 3 月，第 1 号。

［日］栗田尚弥：《近代史中的东亚同文书院》，载《东亚同文书院记念报》，第 12 期，爱知大学东亚同文书院记念中心 2004 年版。

［日］铃木康雄：《我が故郷東亜同文書院と父鈴木択郎》，爱知大学東亜同文書院大学记念センター編《東亜同文書院大学と愛知大学》第 3 集，丰桥：爱知大学，1995 年 10 月。

［日］陆实：《社交上的日清》，《东亚时论》第 3 期。

［日］内藤湖南：《所谓日本的天职》，收入《内藤湖南全集》第二卷，筑摩书房 1997 年版。

［日］松谷昭广：《东亚同文书院的府县费派遣生——以 1900—1920 年代为中心》，东京：《日本教育史学》2002 年 10 月，第 45 集

［日］藤田佳久：《中国：辛亥革命以来的八十年——本大学所藏孙文关系史料》，载《爱知大学 东亚同文书院大学记念中心报》创刊号。

［日］狭间直树：《就刘学询与孙文关系的一个解释》，《学术研究》2004 年第 11 期。

［日］中村粲：《大东亚战争的起因》，收入［日］历史研究委员会《大东亚战争的总结》，东英译，新华出版社1997年版。

［日］樽本照雄：《劉鉄雲と日本人》，清末小说研究会：《清末小説》，1987年第10号。

［日］佐原笃介：《追忆录》，载《同文会报》1909年6月。

［日］佐佐木享：《东亚同文书院入学者的群像——渡海求学的年轻人们》，爱知大学东亚同文书院记念中心：《同文书院记念报》2003年3月，第11期。

［日］《教育时论》第599号，1901年12月5日。

［日］《岐阜县教育会杂志》第127期、第128期。

［日］《纸上女性协力会议》，［日］朝日新闻，1941年5月28日至6月5日连载。